- As Bem-Aventuranças -

Desejando Verdadeiras Bênçãos

Dr. Jaerock Lee

URIM
BOOKS

*"Mas bendito é o homem cuja confiança
stá no SENHOR, cuja confiança nele está.
Ele será como uma árvore plantada junto às águas
e que estende as suas raízes para o ribeiro.
Ela não temerá quando chegar o calor,
porque as suas folhas estão sempre verdes;
não ficará ansiosa no ano da seca
nem deixará de dar fruto."*

(Jeremias 17:7-8)

Desejando Verdadeiras Bênçãos escrito por Dr. Jaerock Lee
Publicado pela Livros Urim (Representante: Seongkeon Vin)
361-66, Shindaebang-Dong, Dongjak-Gu, Seul, Coréia
www.urimbooks.com

A menos que se tenha feito observação específica, todas as citações das Escrituras foram retiradas da Bíblia Sagrada, Nova Versão Internacional (NVI) ®, Copyright ©. Usado sob permissão.

Copyright © 2013 por Dr. Jaerock Lee
ISBN: 978-89-7557-822-9
Translation Copyright © 2009 por Dr. Esther K. Chung. Usado sob permissão.

Primeira Publicação em agosto de 2013

Anteriormente publicado em coreano pela Livros Urim em 2007
Editado por Dr. Geumsun Vin
Design de Editorial da Livros Urim
Impresso pela Yewon
Para mais informações, entre contato: urimbook@hotmail.com

Introdução

Em uma certa universidade de Roma existe a seguinte história: um aluno com dificuldades financeiras se dirigiu a um rico senhor para pedir ajuda, que, por sua vez, perguntou-lhe com que gastaria o dinheiro. O estudante respondeu que sua finalidade seriam os estudos.

"E aí?"

"Preciso ganhar dinheiro."

"E aí?"

"Pretendo me casar."

"E aí?"

"Ficarei velho."

"E aí?"

"Finalmente morrerei."

"E aí?"

"..."

Há uma boa lição nessa história. Se aquele jovem fosse uma pessoa que buscasse bênçãos verdadeiras que duram para sempre, ele teria respondido: "Vou para o céu", diante da última pergunta daquele senhor.

É comum na sociedade atual que as pessoas achem que ter coisas como bens, saúde, fama, autoridade e paz na família sejam bênçãos; e dão duro para conseguir tê-las. No entanto, se olharmos ao nosso redor, veremos que são poucos os que realmente desfrutam de todas essas bênçãos.

Algumas famílias podem ser ricas, mas muitas delas podem

ter relações internas problemáticas ou conturbadas. Até o homem mais saudável pode, de uma hora para outra, perder sua vida em um acidente ou com alguma doença.

Em abril de 1912, milhares de pessoas viajavam tranquilas em um luxuoso cruzeiro, quando foram surpreendidas por um trágico acidente. O 'Titanic', com 2.300 pessoas a bordo, colidiu com um iceberg e afundou em sua viagem de inauguração. Ele era o maior cruzeiro do mundo e se orgulhava de seu luxo e excelência. No entanto, ninguém sabia o que estava para acontecer.

Ninguém pode falar do amanhã com certeza. E ainda que a pessoa possa desfrutar de riqueza, fama e autoridade neste mundo, por toda a sua vida, não poderá ser considerada abençoada, se for para o inferno e sofrer para sempre. Portanto, a verdadeira bênção é receber a salvação e entrar no reino dos céus.

Há aproximadamente 2.000 anos, Jesus dava início ao Seu ministério público com a mensagem: *"Arrependam-se, pois o reino de Deus está próximo"* (Mateus 4:17). A primeira mensagem depois dessa proclamação foi a das 'Bem-Aventuranças', com a qual as pessoas podiam alcançar o reino celestial. Àqueles que desapareceriam em breve como neblina, Jesus ensinou sobre as bênçãos eternas, isto é, as verdadeiras bênçãos para ir para o reino dos céus.

Ele também ensinou como se tornarem luz e sal do mundo, cumprirem a Lei com amor e se encaixarem nas Bem-Aventuranças. Podemos ver tudo isso em Mateus, do capítulo 5 ao 7 – o 'Sermão da Montanha'.

Junto com o Amor Espiritual em 1 Coríntios 13 e os Frutos do Espírito de Gálatas, capítulo 5, as Bem-Aventuranças nos mostram o caminho de como nos tornarmos pessoas espirituais.

Elas são uma referência para examinarmos a nós mesmos e possuem um conteúdo essencial para nos santificarmos e entrarmos na Nova Jerusalém – o lugar mais glorioso do céu, onde está o trono de Deus.

Este livro, *Desejando Verdadeiras Bênçãos,* é um resumo

de pregações minhas na igreja sobre as Bem-Aventuranças.

Se fizermos aquilo que as Bem-Aventuranças dizem, desfrutaremos não apenas de todas as bênçãos deste mundo como riqueza, saúde, fama, autoridade e paz na família, mas também da bênção de entrarmos na Nova Jerusalém. A bênção dada por Deus não pode ser abalada, independente da dificuldade das circunstâncias. Se simplesmente fizermos o que as Bem-Aventuranças dizem, não teremos deficiência nenhuma.

Oro, para que, através deste livro, muitas pessoas possam vir a ser pessoas espirituais, que buscam bênçãos verdadeiras e recebam todas as bênçãos preparadas por Deus. Também agradeço a Geumsun Vin, diretora do departamento de edição e a todos os colaboradores.

Jaerock Lee

Conteúdo

Introdução

Capítulo 1
A Primeira Bênção

——— ✀✀ ———

Bem-aventurados Os Pobres em Espírito, Pois Deles é o Reino dos Céus

Mateus 5:3

"Bem-aventurados os pobres em espírito,

pois deles é o Reino dos céus."

Um preso condenado à morte em uma cadeia americana derramava lágrimas, enquanto tinha um jornal em suas mãos. A manchete falava sobre a posse do presidente dos Estados Unidos, Stephen Grover Cleveland. Então, um outro preso, que o observava, perguntou-lhe por que chorava tão amargamente. Com a cabeça baixa, ele começou a explicar.

Ele dizia: "Stephen e eu fomos da mesma faculdade. Um dia, depois da aula, ouvimos um sino de igreja. Stephen me convidou para ir à igreja com ele, mas recusei. Ele foi para o lado da igreja e eu fui para o lado do bar; e aquilo fez toda a diferença nas nossas vidas."

Uma escolha feita em um momento havia transformado toda a vida daquele homem. Mas isso não serve apenas para a vida na terra. A nossa vida eterna também pode mudar de acordo com as escolhas que fazemos.

Os Convidados para o Banquete Celestial

Em Lucas, capítulo 14, um homem oferece um grande banquete e convida muitas pessoas. Ele manda seu servo chamar os convidados, mas todos eles estavam ocupados demais para comparecer.

"Acabei de comprar uma propriedade e preciso ir vê-la. Por favor, desculpe-me. Obrigado pelo convite, mas infelizmente não poderei ir."

"Acabei de comprar cinco juntas de bois e estou indo experimentá-las. Por favor, desculpe-me, mas não poderei ir."

"Sei que vai entender. É que acabo de me casar, por isso não posso ir."

Então o anfitrião manda seu servo para as ruas da vila e ordena que lhe traga os pobres, cegos e aleijados para participar do banquete. Nessa parábola, Jesus compara aqueles que receberam o convite primeiramente com aqueles que foram convidados para participar de um banquete celestial.

Hoje, os ricos em espírito se recusam a aceitar o evangelho, dando diversas desculpas. Aqueles que são pobres em espírito, entretanto, de prontidão aceitam o convite que recebem. É por isso que a primeira porta para as verdadeiras bênçãos é se tornar uma pessoa pobre em espírito.

Os Pobres em Espírito

Ser "pobre em espírito" é ter um bom coração; um coração que não é arrogante, orgulhoso, egoísta, cheio de desejos pessoais ou de maldade. Portanto, os "pobres em espírito" aceitam o evangelho facilmente. Depois de aceitar Jesus Cristo, eles anseiam pelas coisas espirituais e conseguem ser transformados rapidamente pelo poder de Deus.

Algumas mulheres dizem: "Meu marido é de fato um bom homem, mas não quer aceitar o evangelho." As pessoas consideram alguém "bom" se, aparentemente, não cometer atos de maldade. Contudo, ainda que alguém pareça ser bom, se não aceita o evangelho, porque seu coração é rico, então como poderemos dizer que essa pessoa é realmente boa?

Em Mateus, capítulo 19, um jovem vem a Jesus e Lhe pergunta que coisas boas ele deveria fazer para ganhar a vida eterna. Jesus lhe diz que ele deve obedecer a todos os mandamentos de Deus e, momentos depois, lhe diz para vender tudo o que tem, dar aos pobres e segui-lo.

O jovem rapaz pensava que amava a Deus e guardava muito bem os Seus mandamentos. Contudo, depois da resposta de Jesus, ele foi embora muito triste. É que ele era rico e considerava sua riqueza mais importante do que obter a vida eterna. Diante disso, Jesus disse: *"É mais fácil passar um camelo pelo fundo de uma agulha, do que um rico entrar no Reino de Deus"* (v. 24).

Aqui, ser rico não significa simplesmente ter muitos bens e grande riqueza. Significa ser rico em espírito. Os ricos em espírito podem até não fazer nada de mal por fora, mas possuem fortes desejos carnais e mundanos. Eles têm grande prazer no dinheiro, autoridade, conhecimento, orgulho, atividades recreativas, entretenimento, etc. Por isso, não sentem a necessidade do evangelho e não buscam a Deus.

Bênção de Riqueza para os Pobres em Espírito

Em Lucas 16, um homem rico amava a sua vida e dava festas todos os dias. Ele era tão rico que o seu coração também era rico. Não sentia a necessidade de crer em Deus. Por outro lado, o mendigo Lázaro, sofria com doenças e tinha de ir para a porta do homem rico pedir esmola. Por ser pobre em espírito, ele buscava a Deus.

E qual foi o resultado depois que eles morreram? Lázaro foi salvo e pôde descansar no seio de Abraão, mas o rico foi para o Hades e sofreu eternamente.

As chamas eram tão quentes que ele dizia: *"Pai Abraão, tem misericórdia de mim e mande que Lázaro molhe a ponta do dedo na água e refresque a minha língua"* (v. 24). Ele não conseguia se afastar daquela dor nem por um instante.

Então, o que é ser uma pessoa abençoada? Quem é ela? Não é o homem que tem muitas posses e autoridade e desfruta de sua vida na terra como o homem rico. A pessoa pode ter uma vida humilde, mas se ela aceitar Jesus Cristo, sua vida será verdadeiramente abençoada e ela entrará no reino dos céus, como Lázaro. Como podemos comparar a vida na terra, que dura mais ou menos 70 ou 80 anos, com a vida eterna?

Essa parábola nos mostra que o importante não está em ser ou não ricos na terra, mas sim em ser pobre em espírito e crer em

Deus.

Isso não quer dizer, entretanto, que a pessoa que é pobre em espírito, e aceitou Jesus Cristo, precisa ter uma vida pobre e com doenças, como Lázaro, para ser salva. Na verdade, uma vez que Jesus nos redimiu de nossos pecados e Ele mesmo viveu em pobreza, quando formos pobres em espírito e vivermos pela palavra de Deus, poderemos ser ricos (2 Coríntios 8:9).

3 João 1:2 diz: *"Amado, oro para que você tenha boa saúde e tudo lhe corra bem, assim como vai bem a sua alma."* Quando a nossa alma prospera, somos saudáveis física e espiritualmente, somos abençoados na área financeira, temos paz na família e assim por diante.

Quando aceitamos Jesus Cristo e passamos a desfrutar da bênção da riqueza, precisamos guardar a nossa fé em Cristo até o fim, para possuir completamente o reino dos céus. Se nos afastarmos do caminho da salvação, com amor pelo mundo, nossos nomes poderão ser apagados do livro da vida (Salmo 69:28).

É como uma maratona. Se o corredor que estiver na frente sai do curso antes da linha de chegada, ele não ganha prêmio algum e muito menos uma medalha de ouro.

Em outras palavras, ainda que tenhamos uma vida cristã diligente neste momento, se nos tornarmos ricos no coração com tentações de dinheiro e prazeres mundanos, o nosso fervor se esfriará e poderemos nos afastar de Deus. E se essa última coisa acontecer, não poderemos alcançar o reino dos céus.

É por isso que 1 João 2:15-16 diz:

"Não amem o mundo nem o que nele há. Se alguém ama o mundo, o amor do Pai não está nele. Pois tudo o que há no mundo — a cobiça da carne, a cobiça dos olhos e a ostentação dos bens — não provém do Pai, mas do mundo."

Livre-se da Cobiça da Carne

A cobiça da carne são os pensamentos de inverdade que surgem no coração. Essas são as naturezas que querem cometer pecados. Se tivermos ódio, raiva, desejos, inveja, uma mente adúltera e arrogância em nosso coração, vamos querer ver, ouvir, pensar e agir seguindo essas naturezas.

Por exemplo, se uma pessoa tem a natureza de julgar e condenar os outros, ela vai querer ouvir rumores sobre as pessoas. Assim, sem sequer procurar saber qual é a verdade, ela espalha as coisas e calunia os outros, tendo prazer nessa atitude.

Se a pessoa tem raiva em seu coração, ela fica nervosa até com as mínimas coisas. Só se sente bem, se expressar sua raiva. Reprimi-la lhe é doloroso, assim, não lhe resta outra saída senão colocá-la para fora.

Para nos livrarmos das cobiças da carne, precisamos orar.

Certamente podemos nos ver livres delas, se recebermos a plenitude do Espírito através de fervorosas orações. Ao contrário, se pararmos de orar ou perdermos a plenitude do Espírito, estaremos dando uma chance para Satanás alimentar a cobiça da carne. Como resultado, poderemos acabar pecando em ação.

1 Pedro 5:8 diz: *"Estejam em alerta e vigiem. O Diabo, o inimigo de vocês, anda ao redor como leão, rugindo e procurando a quem possa devorar."* Através da oração, precisamos sempre estar despertos para receber a plenitude do Espírito Santo. Com orações fervorosas, podemos nos tornar pobres em espírito nos despojando da cobiça da carne, que é natureza pecaminosa.

Livre-se da Cobiça dos Olhos

A cobiça dos olhos é a natureza pecaminosa, que é agitada, quando vemos ou ouvimos algo, fazendo-nos desejar e seguir aquela coisa. Quando vemos algo e o aceitamos com certos sentimentos, se virmos uma coisa semelhante depois, estimularemos sentimentos também semelhantes. E mesmo sem ver, só de ouvir algo semelhante, um sentimento parecido vem à tona, dando lugar à cobiça dos olhos.

Se não cortarmos, mas aceitarmos essa cobiça dos olhos continuamente, ela estimulará a cobiça da carne e, mais uma vez, poderemos cometer pecados em ação. Davi, que foi um homem, segundo o coração de Deus, também pecou devido à cobiça dos olhos.

Um dia, depois que Davi já tinha se tornado rei e a nação já tinha certa estabilidade, ele estava no terraço, quando, por um acaso, viu Bate-Seba, esposa de Urias, se banhando. Ele foi tentado e a tomou e dormiu com ela.

Naquele tempo, seu esposo estava no campo de batalha, lutando pelo país. Mais tarde, Davi descobriu que Bate-Seba estava grávida e, a fim de corrigir seu erro, chamou Urias e o convenceu a dormir em casa.

Contudo, em consideração aos seus companheiros que ainda estavam no campo de batalha, ele dormiu na porta da casa do rei. Quando Davi viu que as coisas não tinham acontecido como queria, ele mandou Urias para a linha de frente para que fosse morto.

Davi achava que amava a Deus mais do que qualquer outra pessoa. No entanto, quando a cobiça dos olhos entrou em seu coração, ele praticou a maldade de dormir com a esposa de outra pessoa. Além disso, para corrigir seu malfeito, cometeu a maldade ainda maior de assassinato.

Mais tarde, como retribuição, ele passou por uma grande provação. O filho nascido de Bate-Seba morreu e ele teve de fugir da rebelião de seu filho, Absalão. Ele chegou até a ouvir maldições de uma pessoa de posição inferior à sua.

Com isso, Davi pôde se dar conta da forma de maldade em

seu coração e se arrependeu completamente diante de Deus. No fim, ele veio a ser um rei grandemente usado por Deus.

Hoje em dia, alguns jovens curtem materiais adultos em filmes ou na Internet. Mas eles não devem encarar isso com leveza. Esse tipo de cobiça dos olhos é como acender um fusível da cobiça da carne.

Façamos uma comparação com uma guerra. Suponha que a cobiça da carne sejam os soldados lutando dentro de uma cidade murada. Então a cobiça dos olhos seriam os reforços ou os suprimentos militares àqueles soldados dentro da cidade. Se eles forem supridos constantemente, sua força para lutar será maior. Se a cobiça da carne é reforçada, não podemos derrotá-la.

Logo, uma vez que é possível cortar a cobiça dos olhos pela nossa própria vontade, não devemos ver, ouvir ou pensar em nada que não seja verdade. Quando virmos, ouvirmos e pensarmos só a verdade e tivermos só bons sentimentos, poderemos cortar de vez a cobiça dos olhos.

Livre-se dos Orgulhos desta Vida

O orgulho desta vida é a natureza de se gabar. É ceder aos prazeres físicos do mundo, a fim de satisfazer a cobiça da carne e dos olhos e exibir as conquistas aos outros. Se tivermos esse tipo de natureza, nos gabaremos de riqueza, honra, conhecimento, talentos, aparência e assim por diante, a fim de nos exibirmos e termos a atenção dos outros.

Tiago 4:16 diz: *"Agora, porém, vocês se vangloriam das suas pretensões. Toda vanglória como essa é maligna."* Vangloriar-se não nos traz benefício algum. Portanto, como dito em 1 Coríntios 1:31: *"Quem se gloriar, glorie-se no Senhor"*, temos de nos gloriar apenas no Senhor, para glorificarmos a Deus.

Gloriar-se no Senhor é gloriar-se por Deus ter-nos respondido, dando-nos graças e bênçãos, e também gloriar-se pelo reino dos céus. É dar glórias a Deus e plantar fé e esperança nos ouvintes, para que eles possam ansiar por coisas espirituais.

Mas algumas pessoas dizem estar gloriando-se no Senhor, quando, na verdade, desejam ser exaltadas. Nesse caso, os que ouvem não podem ser transformados. Portanto, devemos olhar para nós mesmos e termos cautela, para que o orgulho desta vida não venha sobre nós (Romanos 15:2).

Torne-se Uma Criança, Espiritualmente

Havia uma criança em uma pequena cidade dos Estados Unidos. Como sua sala de escola dominical era muito pequena, o menininho começou a orar para Deus lhes dar uma maior. Vários dias haviam passado, mas a resposta ainda não tinha vindo. Então ele começou a escrever cartas para Deus todos os dias.

Entretanto, ele morreu antes de completar 10 anos. Enquanto

sua mãe mexia em seus pertences, ela achou um monte grosso de cartas que ele havia escrito para Deus. Ela as mostrou ao pastor, ele foi profundamente tocado e falou sobre aquilo em um sermão.

Essas notícias se espalharam por muitos lugares e ofertas começaram a chegar daqui e dali. Em pouco tempo já mais do que o suficiente para construir uma nova igreja. Mais tarde, uma escola de ensino fundamental e médio foi estabelecida com o nome do menino e depois, até uma faculdade. Esse foi o resultado da inocente fé de uma criança que cria que Deus é Aquele que dá o que pedimos.

Em Mateus, capítulo 18, os discípulos perguntaram a Jesus quem era o maior no reino dos céus. Jesus respondeu: *"Eu lhes asseguro que, a não ser que vocês se convertam e se tornem como crianças, jamais entrarão no Reino dos céus"* (v. 3). Diante de Deus, todos nós temos de ter o coração de crianças, independente da nossa idade.

Crianças são inocentes e puras e, assim, aceitam tudo o que lhes é ensinado. Da mesma forma, só quando ouvimos, aprendemos, cremos e obedecemos à palavra de Deus, é que podemos entrar no reino dos céus.

Por exemplo, a palavra de Deus diz: 'Ore continuamente'. Então devemos orar continuamente, sem dar desculpas. Deus nos diz para nos regozijarmos sempre. Assim, devemos sempre tentar nos regozijar, sem pensar: 'Como posso regozijar-me, diante dessas coisas tão dolorosas em minha vida?' Deus nos diz para não odiarmos. Assim, devemos tentar amar até os nossos inimigos, sem dar desculpas.

Semelhantemente, se tivermos o coração das crianças, logo nos arrependeremos do que tivermos feito de errado e tentaremos viver pela palavra de Deus.

Mas, se a pessoa é manchada pelo mundo e perde sua inocência, ela ficará paralisada quando pecar. Julgará e condenará os outros, espalhará os erros e culpas de outras pessoas, contando pequenas e grandes mentiras, sem nem mesmo perceber que está fazendo coisas más.

Ela olhará com desprezo para outros, tentará ser servida e, se na hora de fazer algo vir que não ganhará nada em troca, não fará, esquecendo-se da graça que outrora recebera. Contudo, ela sequer terá culpa em sua consciência. Quanto maior o desejo de buscar seu próprio interesse, mais ela age dessa forma.

Por outro lado, se nos tornarmos crianças espirituais, reagiremos sensivelmente diante do bem e do mal. Se virmos algo bom, seremos tocados facilmente e derramaremos lágrimas, odiando e abominando o que é mau.

Ainda que as pessoas do mundo digam que não é maldade, se Deus disser que é, odiaremos a coisa e tentaremos não cometer pecado algum.

Também podemos observar que a criança não é arrogante e, assim, não insiste em suas opiniões. Ela simplesmente aceita aquilo que as pessoas a ensinam. Semelhantemente, a criança espiritual não insiste em sua arrogância ou tenta se exaltar. Os escribas e fariseus dos tempos de Jesus julgavam e condenavam os outros dizendo conhecer a verdade. A criança espiritual, todavia, não faz tal coisa, mas age mansa e humildemente como nosso Senhor.

Assim, a criança espiritual não insiste em estar certa, quando ouve a palavra de Deus. Ainda que haja algo que não esteja de acordo com o seu conhecimento, ou algo que não entenda, ela não julgará ou interpretará mal as coisas, mas simplesmente crerá e obedecerá inicialmente. Quando ela ouve falar sobre as obras de Deus, ela não demonstra orgulho ou arrogância, mas anseia viver as mesmas coisas também.

Se nos tornarmos crianças espirituais, creremos e obedeceremos à palavra de Deus como ela é. Se identificarmos qualquer pecado em nós de acordo com a palavra de Deus, tentaremos mudar.

Mas, em alguns casos, as pessoas levam uma vida cristã por muito tempo e vão simplesmente armazenando a palavra de Deus em si como conhecimento, fazendo com que seus corações fiquem como o de adultos. Ao receberem a graça de Deus pela primeira vez, elas se arrependem e jejuam para se livrar dos pecados que vêem em si. Contudo, mais tarde, ficarão paralisadas.

Quando ouvem a palavra, elas pensam: "Eu sei disso." Ou

simplesmente obedecem às coisas que lhes trazem algum benefício ou com as quais estão de acordo. Elas julgam e condenam os outros com a palavra que conhecem.

Portanto, para nos tornarmos pobres em espírito, precisamos sempre identificar a maldade em nós através da palavra, nos despojar dela com orações fervorosas e nos tornar crianças espirituais. Só então poderemos desfrutar de todas as bênçãos que Deus preparou para nós.

A Bênção de Possuir o Reino Eterno no Céu

Então, mais especificamente, que tipos de bênçãos receberão os que são pobres em espírito? Mateus 5:3 diz: *"Bem-aventurados os pobres em espírito, pois deles é o Reino dos céus."* Como dito, esses receberão a bênção verdadeira e eterna, isto é, o reino dos céus.

O reino dos céus é o lugar onde os filhos de Deus irão habitar. É um lugar espiritual que não pode ser comparado a este mundo. Da mesma maneira que os pais aguardam pelo nascimento de seu bebê e preparam todos as coisas para ele, como brinquedos e carrinho de bebê, Deus tem preparado o reino dos céus para aqueles que são pobres em espírito, abrem seu coração e aceitam o evangelho para se tornar Seus filhos.

Como Jesus disse: *"Na casa de meu Pai há muitos aposentos; se não fosse assim, eu lhes teria dito. Vou preparar-lhes um lugar"* (João 14:2). Há muitas moradas no reino celestial, que vão variar de acordo com o tanto de amor que temos por Deus e o tanto que vivemos pela Sua palavra, guardando nossa fé.

Se a pessoa for pobre em espírito, mas ficar apenas no nível de aceitar Jesus Cristo e receber a salvação, ela irá para o Paraíso, onde viverá eternamente. Mas se a pessoa vive uma vida em Cristo e se deixa ser transformada pela palavra de Deus, então o 1º, 2º e 3º reinos dos céus lhe serão dados. Acima desses reinos está a Nova Jerusalém, o lugar mais lindo do céu, que será para aqueles que alcançaram a santificação completa do coração e foram fiéis em toda a casa de Deus. Lá eles desfrutarão de bênçãos eternas.

Para saber mais sobre as moradias e a vida feliz no reino celestial, leia *Céu I e II*. Agora, no entanto, deixe-me ao menos dar-lhe uma ideia sobre a vida na Nova Jerusalém.

Na cidade de Nova Jerusalém, onde a luz da glória de Deus brilha, o som do louvor dos anjos é ouvido de longe. Uma rua de ouro passa entre as brilhantes construções com pedras preciosas. Campos, gramados, árvores e lindas flores são perfeitamente combinados.

O rio da água da vida, que é claro como cristal, flui tranquilamente em meio a margens de areias douradas. Cestas com frutas da árvore da vida são postas sobre os bancos dourados e, de longe, dá para se avistar o mar, que é como vidro. Nele, há um esplêndido cruzeiro feito de diversos tipos de materiais preciosos.

As pessoas que entram nesse lugar são ministradas por numerosos anjos e desfrutam da autoridade de um rei. Elas podem voar no céu em nuvens-carros douradas, comem em banquetes com profetas famosos e sempre veem o Senhor de perto. Além disso, na Nova Jerusalém são muitas as coisas que são preciosas e lindas que não conseguimos achar na terra. Cada canto de lá nos tira os sentidos.

Logo, não devemos ficar apenas no nível de simplesmente recebermos a salvação, mas devemos buscar ser pobres em espírito e ser transformados cada vez mais pela palavra, para que possamos entrar na Nova Jerusalém – o lugar mais lindo do céu.

A Proximidade de Deus é Nossa Bênção

Quando nos tornamos pobres em espírito, não apenas teremos um encontro com Deus e receberemos a salvação, mas também receberemos autoridade como filhos de Deus e outras bênçãos. Deixe-me contar-lhes o testemunho de um senhor da nossa igreja. Ele havia sofrido de uma doença de risco de contaminação pública, mas recebeu a bênção de ser pobre em espírito.

Há 10 anos, ele precisou tirar uma licença temporária de seu emprego devido à doença. Muitas vezes ele teve vontade de dar fim à sua vida por causa do sentimento de impotência. Como ele não conseguia ver nenhuma luz de esperança para a sua vida e não podia fazer nada por conta própria, ele tinha um espírito pobre.

Nisso ele foi a uma livraria e, por um acaso, viu um livro. Era o *Experimentando a Vida Eterna Antes da Morte*, um livro sobre minhas lembranças e testemunho. Eu era ateu e estava cambaleando à beira da morte devido a 7 anos de sofrimento com doenças que não tinham cura por meios humanos. Mas Deus veio e me encontrou.

Aquele homem viu, então, que a minha vida era muito semelhante à dele e comprou o livro, sentindo que estava sendo dirigido por algum tipo de força. Virou a noite lendo aquelas páginas e se derramou em lágrimas. Ele pôde ter a certeza de que poderia ser curado e se registrou em nossa igreja.

Desde então, ele foi curado de uma doença peculiar pelo poder de Deus, pôde voltar a trabalhar, sendo elogiado por seus muitos colegas e superiores e ainda recebeu a bênção de ser promovido. Além do mais, ele também evangelizou 70 de seus parentes. Como a sua recompensa celestial será grande!

O Salmo 73:28 diz: *"Mas, para mim, bom é estar perto de Deus; fiz do Soberano SENHOR o meu refúgio; proclamarei todos os teus feitos."*

Se tivermos nos apossado da primeira bênção das Bem-aventuranças, estando próximos de Deus, nos tornaremos filhos mais espirituais, amaremos mais fervorosamente a Deus e pregaremos o evangelho. Espero que vocês tomem posse e vivam completamente as Bem-aventuranças que o Deus de amor e bênçãos preparou para vocês.

Capítulo 2
A Segunda Bênção

—— ❦❧ ——

Bem-aventurados Os Que Choram, Pois Serão Consolados

Mateus 5:4

"Bem-aventurados os que choram,

pois serão consolados."

Havia dois amigos que se amavam muito. Eles se importavam um com o outro e se amavam a ponto de sacrificar suas próprias vidas para salvar o outro. Um dia, um deles morreu em batalha, e o outro, só, lamentava a ausência de seu amigo. "Sem você estou inquieto, meu irmão Jônatas; você foi muito para mim. O seu amor para mim foi mais belo do que o amor de mulheres." Esse homem então tomou o filho de seu amigo falecido e passou a cuidar dele como se fosse seu próprio filho. Os dois amigos se chamavam Davi e Jônatas, cuja história pode ser lida em 2 Samuel, capítulo 1.

Enquanto vivemos neste mundo, enfrentamos muitas coisas tristes como a morte de queridos, dores por causa de doenças, problemas na vida, problemas financeiros, etc. Não é exagero dizer que a vida é uma sequência de dores.

O Choro Carnal, Fora da Vontade de Deus

Na história da humanidade podemos encontrar guerras, terrorismo, fome e outros desastres que acontecem em níveis nacionais. Além do mais, ainda existem muitas coisas tristes e problemas que acontecem em níveis individuais.

Há quem esteja sofrendo por causa de dificuldades financeiras e outros por causa de enfermidades. Alguns foram decepcionados porque seus planos não foram concretizados e outros ainda derramam amargas lágrimas por terem sido traídos por pessoas a quem amavam.

Esse tipo de choro causado por acontecimentos dolorosos é choro carnal e vem dos maus sentimentos da pessoa, não sendo da vontade de Deus. Assim, esse tipo de choro carnal não pode ser confortado por Ele.

Na verdade, a Bíblia nos diz que a vontade de Deus para nós é que regozijemos sempre (1 Tessalonicenses 5:16). Depois, Deus ainda diz em Filipenses 4:4: *"Alegrem-se sempre no Senhor. Novamente direi: Alegrem-se!"* Muitos versículos bíblicos nos dizem para nos alegrarmos.

Alguns podem se perguntar: "Consigo me regozijar, quando há motivo para tal, mas quando estou sofrendo com tantos problemas, dores e provações, como poderei?"

Contudo, conseguimos sim nos alegrar e dar graças, pois já nos tornamos filhos de Deus, fomos salvos e recebemos a promessa do reino dos céus. Além de tudo, como filhos de Deus, quando pedimos, Ele nos ouve e resolve nossos problemas. Por acreditarmos nesse fato, certamente podemos regozijar e dar graças.

Assim é a história do Rev. Dr. Myong-ho Cheong, um missionário nosso na África, que prega o evangelho em muitos cultos em 54 países. Há aproximadamente 10 anos, ele saiu de seu emprego como professor de faculdade e foi para a África, exercer obras missionárias. Pouco tempo depois, o seu único filho morreu. Muitos membros da igreja o consolaram, mas ele só rendia graças a Deus e ainda confortava os membros de volta. Ele estava grato, porque Deus havia levado o seu filho para o reino dos céus, onde não há lágrima, dor, sofrimento ou doença, e porque ele tinha esperança de vê-lo novamente. Assim, ele podia se regozijar.

Da mesma forma, se tivermos fé, não lamentaremos carnalmente, sendo incapazes de superar sentimentos tristes por causa de coisas dolorosas. Se tivermos fé, poderemos regozijar sempre, independente da situação.

Mesmo se nos depararmos com algum problema, se dermos graças e orarmos com fé, Deus trabalhará, vendo a nossa fé. Ele trabalhará para o bem de todas as coisas e, portanto, para os verdadeiros filhos de Deus. Situações fisicamente tristes não terão importância.

Deus Quer o Choro Espiritual

O que Deus quer não é o choro carnal, mas sim o espiritual. Mateus 5:4 diz: *"Bem-aventurados os que choram, pois serão consolados"*, Aqui, 'chorar' é chorar por motivo espiritual pelo reino de Deus e sua justiça. Quais, pois, são os tipos de choro ou lamentos espirituais?

O primeiro tipo de choro é o choro de arrependimento.

Quando passamos a acreditar em Jesus Cristo e O aceitamos como nosso Salvador, entendemos de todo o coração, com a ajuda do Espírito Santo, que Ele morreu na cruz por nossos pecados. Quando sentimos esse amor de Jesus, choramos o choro de arrependimento, nos arrependendo de nossos pecados com lágrimas e congestão nasal.

Arrependimento é parar de viver em pecado como quando não conhecíamos a Deus e passar a viver pela Sua palavra. Quando choramos com arrependimento, o fardo dos nossos pecados nos é tirado e podemos sentir uma alegria superabundante.

Apesar de já fazer 30 anos, ainda consigo me lembrar do primeiro culto de avivamento, do qual participei, depois de ter um encontro com Deus. Eu chorava tanto de arrependimento ao ouvir a palavra de Deus! Meu nariz escorria e eram muitas as minhas lágrimas.

Mesmo antes de conhecer Deus, eu me orgulhava de que eu vivia uma vida boa e justa. Contudo, ao ouvir a palavra de Deus e olhar para o meu passado, descobri que eram muitas as inverdades em minha vida. Quando rasguei meu coração em arrependimento, eu pude sentir meu corpo leve e cheio de refrigério. Também ganhei confiança para viver pela palavra de Deus e, desde então, parei de fumar e beber e comecei a ler a Bíblia e participar de reuniões de oração de manhãzinha.

Mesmo depois de receber essa graça de chorar de

arrependimento, podemos ter outras razões para chorar em nossa vida cristã. Uma vez que nos tornamos filhos de Deus, temos de nos livrar de nossos pecados e viver uma vida santa de acordo com a palavra de Dele. Mas, até que atinjamos uma medida de fé madura, ainda não estaremos perfeitos e, às vezes, poderemos pecar.

Nessa situação, se amarmos a Deus, nos lamentaremos muito diante de Deus e nos arrependeremos profundamente dizendo: "Deus, ajude-me para que esse tipo de coisa nunca mais aconteça. Dê-me forças para praticar a Tua palavra." Quando temos esse tipo de choro, a força para nos despojarmos de nossos pecados vem do alto. Portanto, como chorar é uma bênção!

Alguns crentes cometem repetidamente os mesmos pecados e se arrependem de novo e de novo. É o caso em que a mudança é muito lenta ou em que não há mudança. Nesse caso, essas pessoas não se arrependem do fundo de seus corações, embora possam dizer que choram de arrependimento.

Suponha que um jovem esteja saindo com más companhias e faça um monte de coisas erradas. Ele pede perdão aos seus pais, mas continua fazendo as mesmas coisas. Isso não é arrependimento verdadeiro. Ele precisa mudar de atitude, parar de sair com as más companhias e começar a estudar direito. Só assim poderemos considerar seu arrependimento verdadeiro.

Da mesma forma, não podemos continuar cometendo os mesmos pecados, arrependendo-nos só com palavras, mas devemos produzir o fruto do arrependimento em obras corretas (Lucas 3:8).

Além do mais, à medida que a nossa fé cresce e nos tornamos líderes na igreja, não devemos mais precisar chorar de arrependimento. Isso não quer dizer, todavia, que não devamos chorar, mesmo se pecarmos. Quer dizer que temos de nos livrar dos pecados e assim não teremos mais motivo de ter esse tipo de choro ou lamentação.

Quando não cumprimos os nossos deveres, também podemos chorar de arrependimento. 1 Coríntios 4:2 diz: *"O que se requer destes encarregados é que sejam fiéis."* Assim, temos de ser fiéis e produzir bons frutos em nossos deveres. Caso contrário, choraremos de arrependimento também.

Uma coisa importante aqui é que se não nos arrependermos e mudarmos de atitude, quando não cumprirmos nossos deveres, isso pode se tornar um muro de pecados entre nós e Deus e, consequentemente, deixaremos de ser protegidos por Ele. É como ter o filho mais velho agindo como um bebê que precisa ser escoltado o tempo todo.

Mas, se nos arrependermos, lamentarmos e chorarmos do fundo do nosso coração, a alegria e a paz de Deus virão sobre nós. Além disso, Ele ainda nos dará confiança e força para cumprirmos nossos deveres. Esse é o consolo que Deus dá aos que choram.

Depois, vem o choro ou lamentação por irmãos na fé.

Às vezes, irmãos na fé cometem pecados e seguem para um caminho de morte. Nesse caso, se tivermos misericórdia, ficaremos ansiosos e preocupados com esses irmãos. Logo, choraremos como se fosse algo que nos dissesse respeito e até nos arrependeremos em nome deles, orando com amor, para que eles possam agir pela verdade.

Podemos chorar desse jeito e orar com lágrimas de arrependimento em nome deles, mas só se tivermos um amor verdadeiro por essas almas. Deus fica alegre com esse tipo de oração com choro e nos dá o Seu consolo.

No entanto, existem pessoas que julgam e condenam as outras e dificultam as coisas para elas, ao invés de chorar e orar por elas. Há também quem espalhe as iniquidades dos outros; e isso não está certo aos olhos de Deus. Temos de cobrir os erros dos outros com amor e orar para que eles parem de pecar.

O martírio de Estêvão está registrado em Atos, capítulo 7. Os judeus se sentiram ofendidos pela mensagem que Estêvão pregava e quando ele disse que os seus olhos espirituais haviam sido abertos e que ele havia visto o Senhor Jesus em pé à direita de Deus, eles o apedrejaram até a morte.

Mesmo enquanto estava sendo apedrejado, Estêvão orou com amor por aquelas pessoas más que o matavam.

"Enquanto apedrejavam Estêvão, este orava: "Senhor

Jesus, recebe o meu espírito." Então caiu de joelhos
e bradou: "Senhor, não os consideres culpados deste
pecado." E, tendo dito isso, adormeceu" (Atos 7:59, 60).

Como Jesus agiu? Ele recebeu todo tipo de zombaria e
perseguição, quando foi crucificado, mas, ainda assim, Ele orou
por aqueles que O estavam crucificando, dizendo: *"Pai, perdoa-
lhes, pois não sabem o que estão fazendo"* (Lucas 23:34).

Enquanto sofria com aquela cruz, apesar de ser
completamente inocente, ainda assim Jesus orou pelo perdão
dos pecados daqueles que O crucificavam. Com isso, podemos
ver como o Seu amor pelas almas é profundo e imenso. Esse é
o coração que é adequado aos olhos de Deus – o coração com o
qual podemos ser abençoados.

E há também o choro para salvar mais almas.

Quando os filhos de Deus veem as pessoas sendo manchadas
pelo pecado deste mundo e seguindo por um caminho de
destruição, eles têm de ter uma compaixão cheia de amor por
eles, desejando-lhes misericórdia. Hoje, o pecado e a maldade são
abundantes como nos tempos de Noé. Aquela geração foi punida
com o dilúvio. Sodoma e Gomorra foram punidas com fogo.

Portanto, devemos chorar pelos nossos pais, irmãos, irmãs,
parentes e vizinhos que ainda não estão salvos. Também devemos
chorar pela nação e pelas pessoas, igrejas e coisas que atrapalham
o reino de Deus. Isso significa que devemos chorar pela salvação

de mais almas. O apóstolo Paulo sempre se preocupou e chorou pelo reino e justiça de Deus e pelas almas. Foi perseguido e passou por diversas tribulações, pregando o evangelho, chegando até a ser preso. Mas ele não chorou pelo seu sofrimento pessoal, mas só louvou e orou a Deus (Atos 16:25). Entretanto, pelo reino de Deus e almas ele chorou, e muito.

"Além disso, enfrento diariamente uma pressão interior, a saber, a minha preocupação com todas as igrejas. Quem está fraco, que eu não me sinta fraco? Quem não se escandaliza, que eu não me queime por dentro?" (2 Coríntios 11:28-29)

"Por isso, vigiem! Lembrem-se de que durante três anos jamais cessei de advertir cada um de vocês disso, noite e dia, com lágrimas" (Atos 20:31).

Quando crentes não ficam firmes na palavra de Deus ou quando a igreja não revela a Sua glória, pessoas como Paulo choram e se preocupam com a situação.

E quando pessoas como Paulo são perseguidas por causa do nome do Senhor, elas não choram porque está difícil para elas, mas sim pelas almas, pelos outros. Ao verem o mundo ficar cada vez mais cheio de trevas, elas choram e oram para que a glória de Deus seja revelada poderosamente e mais e mais almas sejam salvas.

É Preciso Amor Espiritual para Chorar Espiritualmente

Agora, o que devemos fazer para chorarmos ou lamentarmos espiritualmente, que é o que Deus quer? Para o choro espiritual, precisamos, acima de qualquer coisa, de ter amor espiritual em nós.

Como dito em João 6:63: *"O Espírito dá vida; a carne não produz nada que se aproveite"*, só o tipo de amor que Deus reconhece dá vida e pode levar as pessoas ao caminho da salvação. Ainda que a pessoa pareça ser cheia de amor, se o seu amor não vem da verdade, é um amor carnal.

O amor pode ser categorizado em amor carnal e amor espiritual. O amor carnal é o amor que busca seu próprio benefício. É um amor sem importância que, no fim, muda e perece. O amor espiritual, por outro lado, nunca muda. É esse amor que está na palavra de Deus, que é verdade. É o amor verdadeiro que busca o benefício do outro e sacrifica a si mesmo.

O amor espiritual não pode ser adquirido pelas nossas próprias forças. Só quando vemos o amor de Deus e habitamos na verdade é que podemos amar com esse amor. Se tivermos amor espiritual, que é o amor com o qual podemos amar até os nossos inimigos e entregar nossa vida pelos outros, Deus nos abençoará abundantemente. Com esse amor, podemos ser vida aonde quer que formos, e muitas pessoas se voltarão para o Senhor.

Portanto, quando temos amor espiritual em nosso coração,

podemos chorar pelas almas que estão indo por um caminho de morte e orar por elas. Com esse amor, até as pessoas com corações endurecidos são transformadas. Ele pode dar frutos de vida e fé.

Os patriarcas da fé que eram amados por Deus tinham esse amor espiritual e oravam pelas almas que seguiam para a destruição. Oravam com lágrimas pelo reino e justiça de Deus e cuidavam de outras almas dia e noite, sendo fiéis nos deveres que lhes haviam sido dados.

O choro espiritual só o é quando acompanhado por obras de pregação da palavra, oração, cuidado e amor pelas almas. Se tivermos amor espiritual, também choraremos espiritualmente pelo reino de Deus e sua justiça.

Então, como dito em Mateus 6:33: *"Busquem, pois, em primeiro lugar o Reino de Deus e a sua justiça, e todas essas coisas lhes serão acrescentadas"*, nosso espírito e alma mudarão, o reino de Deus será realizado e as coisas de que necessitamos nos serão supridas abundantemente por Deus.

As Bênçãos Dadas Aos que Choram

Como lemos em Mateus 5:4: *"Bem-aventurados os que choram, pois serão consolados"*, se chorarmos espiritualmente, seremos consolados por Deus.

O consolo que Deus nos dá é diferente do consolo que

as pessoas dão. 1 João 3:18 diz: *"Filhinhos, não amemos de palavra nem de boca, mas em ação e em verdade."* Como Deus falou, Ele não nos consola só com palavras, mas com coisas materiais também.

Aos que são pobres, Deus dá bênçãos financeiras. Aos que sofrem com alguma doença, Deus dá saúde. Aos que oram pelos desejos de seus corações, Deus lhes responde.

E aos que choram porque estão sem forças para cumprirem seus deveres, Deus dá força. Aos que choram por almas, Deus dá o fruto do evangelismo e avivamento; e aos que rasgam o coração e choram querendo se livrar de seus pecados, Deus dá a graça do perdão de pecados. À medida que se despojam dos pecados e se santificam, Deus os abençoa para que grandes obras de Seu poder sejam manifestadas em suas vidas, como no caso do apóstolo Paulo.

Há alguns anos passei por diversas dificuldades que ameaçavam, inclusive, a existência desta igreja. Chorei muito por causa das pessoas que trouxeram tribulações à igreja e pelos membros que eram inocentes e, ainda assim, estavam sendo perseguidos. E por causa dos membros que eram fracos na fé e saíram da igreja, nem comer ou dormir eu conseguia mais.

Como eu sabia da seriedade do pecado de prejudicar a igreja de Deus, derramei muitas lágrimas pensando nas almas que trouxeram problemas para a nossa igreja. Em especial, quando vi as almas que acabavam de ouvir falsos rumores saírem da igreja e se levantarem contra Deus, chorei muito, com o sentimento de responsabilidade e de não ter tomado conta delas direito.

Emagreci muito e até andar para mim ficou difícil. Ainda tinha de pregar três vezes por semana. Às vezes meu corpo tremia, mas preocupado com os membros da igreja, tinha de ficar onde estava. Deus viu esse coração meu e sempre que eu orava, Ele me consolava dizendo: "Eu te amo. Isso, na verdade, é bênção."

A Bênção de Receber o Consolo de Deus

No tempo certo, Deus resolveu cada um dos mal-entendidos, e os membros da nossa igreja então puderam crescer na fé. Deus começou a nos mostrar obras incríveis do Seu poder, que não podiam ser comparadas a nada que tínhamos visto anteriormente. Ele nos deu vários sinais e fez maravilhas e coisas extraordinárias entre nós.

Ele não deixou que a igreja ruísse e ainda nos abençoou com avivamento, além de escancarar-nos a porta para a missão mundial. Em cruzadas internacionais, Ele enviou centenas e depois milhares e milhões de pessoas para ouvirem o evangelho e receberem a salvação. Que recompensa e alegria tivemos!

O 'Festival de Oração por Cura Milagrosa na Índia' foi realizado na segunda mais extensa praia do mundo, a Marina Beach, na Índia. Estima-se que dele participaram mais de três milhões de pessoas. Muitas delas foram curadas e numerosos hindus se converteram.

O consolo de Deus vem com bênçãos que não conseguimos imaginar. Ele nos dá aquilo que mais precisamos e mais do que o suficiente. Sem contar que Ele ainda nos dá recompensas no reino dos céus, o que faz de tudo verdadeiras bênçãos.

Apocalipse 21:4 diz: *"Ele enxugará dos seus olhos toda lágrima. Não haverá mais morte, nem tristeza, nem choro, nem dor, pois a antiga ordem já passou."* Como falado, Deus nos retribui com glória e recompensas no céu, onde não há lágrima, sofrimento ou dor.

As casas celestiais daqueles que sempre choram e oram pelo reino de Deus e Sua igreja terão coisas de ouro, muitas pedras preciosas e outras recompensas; e ainda serão decoradas com grandes e brilhantes pérolas. Até a pérola ficar pronta, a ostra precisa suportar dor e agitação por muito tempo e liberar uma secreção cristalizada abrindo mão de si mesma para formar a pérola.

Da mesma maneira, enquanto estamos sendo cultivados nesta terra, se derramarmos lágrimas para mudarmos e orarmos com choro pelo reino de Deus e pelas almas, Deus nos consolará com a pérola, simbolizando todas essas coisas.

Portanto, que não choremos de um modo carnal, mas sim espiritualmente e somente pelo reino de Deus e por outras almas. Fazendo isso, seremos consolados por Deus e receberemos valorosos galardões no reino dos céus.

—— ❧❧ ——

Bem-aventurados Os Humildes, Pois Eles Receberão a Terra Por Herança

Mateus 5:5

"Bem-aventurados os mansos,

porque eles herdarão a terra."

Quando Lincoln era um jovem advogado desconhecido, havia um advogado chamado Edwin M. Stanton que não gostava dele de jeito nenhum. Um dia, disseram a Stanton que ele iria ter de assumir um caso juntamente com Lincoln. Ele bateu a porta e saiu do escritório. "Como é que eu vou trabalhar com esse advogadozinho do interior?"

Depois que o tempo passou, quando o eleito presidente Lincoln estava montando seu gabinete, ele indicou Stanton como o 27º Secretário de Guerra dos Estados Unidos. Surpresos, os conselheiros do presidente pediram-lhe que reconsiderasse aquela nomeação. Stanton havia criticado Lincoln publicamente uma vez no passado, dizendo que o fato de ele ter sido eleito presidente era um "desastre nacional."

"E que problema há se ele não me considera bom o suficiente? Ele tem um ótimo senso de responsabilidade, além da capacidade de superar situações difíceis. Ele está mais do que qualificado para ser o Secretário de Guerra."

Lincoln tinha um coração que era tanto grande como manso. Ele conseguiu entender e abraçar até mesmo alguém que o criticara. Enfim, o próprio Stanton veio a ter respeito por ele e, antes de morrer ainda disse: "...ele [Lincoln] foi o mais perfeito governador de homens que o mundo já viu."

Semelhantemente, ao invés de não gostar e evitar aquela pessoa que não gosta da gente, devemos transformá-la de modo a evidenciar suas qualidades; e isso é demonstrar ter um coração bom e manso.

Mansidão Espiritual Reconhecida por Deus

Em geral, as pessoas dizem que ser introvertido, tímido, gentil e ter um temperamento suave é ser manso. Contudo, Deus diz que aqueles que são mansos com virtude são realmente mansos.

Aqui, 'virtude' significa 'aquilo que é certo, adequado e procedente de um coração justo.' Ter virtude em Deus é agir justamente ao exercer controle sobre outras pessoas, é ter dignidade e ser preparado em todos os aspectos.

Mansidão e virtude parecem ser a mesma coisa, mas entre elas há uma clara diferença. A mansidão é algo mais interno, enquanto a virtude é como as vestes que se veem no exterior. Ainda que alguém seja uma ótima pessoa, se não se vestir direito, sua projeção de elegância e dignidade é diminuída. Semelhantemente, se tivermos mansidão, mas não tivermos virtude, não haverá perfeição. E se parecermos ter virtude, mas não tivermos mansidão dentro de nós, então a virtude de nada vale. É como uma noz sem nada dentro.

A mansidão espiritual que pode ser reconhecida por Deus não é apenas ter uma personalidade mansa; ela tem a ver com ter virtude também. Só assim poderemos ter um grande coração capaz de abraçar muitas pessoas e que é como a árvore que dá imensa sombra para que indivíduos possam descansar. Foi porque Jesus era manso que Ele não discutiu ou gritou, e Sua voz não foi ouvida nas ruas. Ele tratou os maus e os bons com o mesmo coração e, assim, muitos O seguiram.

Virtude para Abraçar a Muitos

Na história da Coreia, houve um rei de personalidade mansa, Sejong, o Grande. Não era apenas manso, mas também tinha virtude. Era amado por seus servos e povo. O seu tempo também foi o de muitos grandes acadêmicos como Hwang Hee e Maeng Sa Sung, e ele em si tinha a conquista de ter criado o 'Han-gul', o alfabeto coreano. Ele também reformou o sistema médico e o conjunto de letras de metais. Apontou diversas pessoas em várias áreas, incluindo música e ciência, e deu esplêndidos passos culturais. Assim, podemos ver que, quando uma pessoa tem mansidão e virtude, muitas outras podem descansar nela, e os seus frutos são lindos.

Os mansos conseguem abraçar até quem possui ideias e níveis educacionais diferentes dos seus. Pessoas assim não julgam ou condenam com maldade. Elas entendem o ponto de vista do outro em qualquer situação e seus corações podem ser descritos como macios o suficiente para servirem aos outros com humildade.

Se jogarmos uma pedra sobre um pedaço de metal sólido,

ouviremos um alto barulho. Se a jogarmos no vidro, ele se despedaçará. Mas se jogarmos a mesma pedra num chumaço macio de algodão, não haverá barulho nenhum e nada se quebrará, pois o algodão abraçará a pedra.

Da mesma forma, aquele que é gentil não abandona nem os que têm uma fé fraca e estão agindo em maldade. Ele espera até o fim, para que eles mudem, guiando-os para caminhos melhores. Suas palavras não são altas ou destruidoras, mas sim, macias e mansas. Ele não fala coisas sem valor, mas apenas palavras de verdade que são necessárias.

Além disso, se alguém o odeia, ele não se sente ofendido ou tem maus sentimentos em relação àquela pessoa. Quando é aconselhado ou repreendido, recebe com alegria, para o seu próprio bem. Esse tipo de pessoa não tem problemas com os outros. Ele entende as falhas dos outros e os abraça, ganhando o coração de muitos.

Cultive o Coração e Faça Dele um Bom Solo

Para que tenhamos mansidão espiritual, temos de tentar cultivar o solo do nosso coração diligentemente. Em Mateus capítulo 13, Jesus apresenta a parábola dos quatro tipos diferentes de solo, fazendo um paralelo com nossos corações.

No solo do caminho endurecido, semente nenhuma pode brotar e criar raiz. Um coração assim não tem fé nem depois de ouvir a palavra de Deus. A pessoa que tem um coração teimoso, fechado, não o abre nem depois de ouvir a verdade e, assim, não pode ter um encontro com Deus. Ela pode até frequentar a igreja; no entanto, não passa disso. A palavra não está plantada nela e, assim, sua fé não pode brotar, criar raiz e crescer.

O solo rochoso pode possibilitar que a semente que caiu sobre ele brote, mas, por causa das rochas, é impossível que a muda se desenvolva muito. A pessoa que tem um coração assim não tem certeza de sua fé, mesmo depois de ouvir a palavra. Quando testada, ela falha e cai. Ela conhece Deus e também recebe a plenitude do Espírito Santo, o que faz seu quadro melhor do que o do 'caminho endurecido'. Contudo, como seu coração não é cultivado na verdade, ele murcha e morre, e não há obras procedentes da cultivação.

No solo espinhoso, a semente pode brotar e crescer, mas por causa dos espinhos, não pode produzir frutos. A pessoa com esse tipo de coração tem seus desejos, tentações por dinheiro, preocupações deste mundo e seus próprios planos e pensamentos. Coisas que a impedem de experimentar o poder de Deus em sua plenitude.

No solo fértil, a semente pode crescer e produzir frutos a 30, 60 e 100 por um. A pessoa com esse tipo de coração obedece, com 'Sim' e 'Amém', à palavra de Deus que ouve e, assim, pode dar frutos abundantes de todas as formas possíveis. É esse o tipo de coração de bondade que Deus deseja.

Que possamos olhar para nós mesmos e ver que tipo de coração temos. É inegável, entretanto, que é difícil fazer uma clara distinção entre os diferentes tipos de coração como se tratasse de uma medida exata. O 'caminho endurecido' pode ter um pouco de 'solo rochoso'. E mesmo se tivermos um solo fértil, inverdades que são como rochas podem ser colocadas no nosso coração, enquanto crescemos.

Mas independente do tipo de solo de coração que temos, se o cultivarmos diligentemente, podemos transformá-lo em um bom solo. Assim sendo, mais importante do que o tipo de coração que temos, é o quão diligentemente o cultivamos.

Assim como o agricultor tira as pedras, arranca as ervas daninhas e aduba o solo para torná-lo fértil, esperando por abundante colheita, se tirarmos todas as formas de maldade de dentro de nós como o ódio, a inveja, os ciúmes, discussões, julgamentos e condenações, poderemos ter corações de terra fértil, mansos e ricos em bondade.

Ore com Fé Até o Fim, para se Livrar da Maldade

Para cultivarmos o nosso coração, em primeiro lugar precisamos adorar em espírito e em verdade, a fim de ouvir a palavra e entendê-la. Além disso, mesmo em dificuldades, temos de nos regozijar sempre, orar continuamente e dar graças em qualquer circunstância, nos esforçando para nos livrar das maldades do nosso coração.

Se pedirmos pela força de Deus em oração fervorosa e tentarmos viver pela palavra, poderemos receber a graça e a força de Deus, juntamente com a ajuda do Espírito Santo, para rapidamente nos livrarmos da maldade.

Por mais que o solo seja bom, se não semearmos, não cuidarmos do que plantamos, não poderemos colher nada. Da mesma maneira, o importante é que não tentemos uma ou duas vezes para depois pararmos; mas que oremos com fé até o fim. Uma vez que a fé é a certeza daquilo que esperamos (Hebreus 11:1), temos de tentar diligentemente e orar com fé. Só assim poderemos colher com abundância.

Além do mais, enquanto estivermos no processo de nos livrarmos das formas de mal que há dentro dos nossos corações, poderemos pensar que nos despojamos da maldade de certa forma, mas então ela pode parecer estar ainda ali, rondando. É como quando descascamos cebolas. Mesmo depois de tirar algumas camadas, ainda há o mesmo tipo de camada. No entanto, se não desistirmos, mas continuarmos nos despojando da maldade até o fim, finalmente teremos corações mansos e sem maldade.

A Mansidão de Moisés

Enquanto Moisés guiou os israelitas à terra de Canaã, durante os 40 anos do Êxodo, ele se deparou com várias situações difíceis. Só de homens adultos havia 600.000. Contando com mulheres e crianças, o número de pessoas pode ter excedido a 2 milhões. Ele teve de guiá-las por 40 anos no deserto, onde não há comida ou água. Dá para imaginar os obstáculos que Moisés teve de superar!

Houve um momento em que o exército do Egito estava atrás dos israelitas (Êxodo 14:9), e em sua frente estava o Mar Vermelho. Deus então abriu o mar para eles, possibilitando sua travessia a seco (Êxodo 14:21-22).

Quando não tinham água para beber, Deus fez água brotar da pedra (Êxodo 17:6) e também transformou águas amargas em doces (Êxodo 15:23-25). Quando não teve alimento, Deus mandou maná e codornas para alimentar o povo (Êxodo capítulos 14-17).

Contudo, mesmo testemunhando o poder do Deus vivo, os israelitas reclamavam de Moisés toda vez que passavam por dificuldade.

> *Disseram-lhes os israelitas: "Quem dera a mão do SENHOR nos tivesse matado no Egito! Lá nos sentávamos ao redor das panelas de carne e comíamos pão à vontade, mas vocês nos trouxeram a este deserto para fazer morrer de fome toda esta multidão!" (Êxodo 16:3)*

> *Mas o povo estava sedento e reclamou a Moisés: "Por*

*que você nos tirou do Egito? Foi para matar de sede a
nós, aos nossos filhos e aos nossos rebanhos?"* (Êxodo
17:3)

*Queixaram-se em suas tendas, dizendo: "O SENHOR
nos odeia; por isso nos trouxe do Egito para nos
entregar nas mãos dos amorreus e destruir-nos."*
(Deuteronômio 1:27).

Algumas das pessoas tentaram até apedrejar Moisés. E ele teve
de ficar com aquele povo 40 anos, ensinando-os com a verdade e
guiando-os à terra de Canaã. Só com isso já dá para termos uma
ideia do nível de mansidão de Moisés.

É por isso que Deus o louvou em Números 12:3 dizendo: *"E
era o homem Moisés mui manso, mais do que todos os homens
que havia sobre a terra"* (Almeida Corrigida e Revisada Fiel).
Mas Moisés não foi manso desse jeito desde o princípio. Ele
tinha o temperamento tal que matou um egípcio que abusava de
um homem hebreu. Ele também tinha grande confiança por ter
sido príncipe do Egito. Mas ele se humilhou completamente ao ir
apascentar ovelhas no deserto de Mídia por 40 anos.

Por ele ter assassinado um egípcio, ele teve de sair do palácio
do faraó e se tornou um fugitivo. No fim, enquanto vivia no
deserto, ele veio a perceber que não podia fazer nada com suas
próprias forças. Depois de passar por um tempo de refinamento,
ele se tornou a pessoa mansa que vimos há pouco, capaz de

abraçar a todos.

Diferença Entre Mansidão Carnal e Mansidão Espiritual

Geralmente, aqueles que são carnalmente mansos são quietos e tímidos. Evitam qualquer som mais alto ou que provém de atritos.

Assim, podemos ver que eles são, de certa forma, indecisos, mesmo com inverdades. Quando diante de situações desconfortáveis, podem parecer bem, mas sofrem por dentro. Quando a situação, então, excede o limite daquilo que eles conseguem tolerar, eles podem explodir e surpreender a muitos. Em seus deveres, eles não têm a paixão de ser fiéis e, assim, no fim, não colhem frutos.

Dessa forma, ser tímido e introvertido não é o tipo de mansidão que agrada a Deus. As pessoas acham que isso é mansidão, mas aos olhos de Deus, que sonda os corações, não é.

Aqueles, entretanto, que alcançam a mansidão espiritual do coração, livrando-se de inverdades, colhem frutos abundantes em diferentes aspectos de evangelismo e avivamento, assim como o solo fértil pode produzir abundante colheita.

Além do mais, espiritualmente, colhem o fruto da Luz (Efésios 5:9), os frutos do amor espiritual (1 Coríntios 13:4-7) e os do Espírito Santo (Gálatas 5:22-23). Dessa forma, se tornam pessoas espirituais, podendo assim receber respostas às suas orações rapidamente. Sobretudo, aqueles que são mansos espiritualmente são fortes e corajosos na verdade. Quando precisam ensinar com a verdade, podem fazê-lo com seriedade. Quando veem almas cometendo pecados diante de Deus, também podem ter a força e a coragem para repreendê-las e corrigi-las com amor, independente de quem sejam.

Por exemplo, Jesus é o mais manso de todos. Contudo, no que dizia respeito às coisas que não estavam certas de acordo com a verdade, Ele repreendeu as pessoas duramente. Isto é, Ele não tolerava que denegrissem o Templo de Deus.

No pátio do templo viu alguns vendendo bois, ovelhas e pombas, e outros assentados diante de mesas, trocando dinheiro. Então ele fez um chicote de cordas e expulsou todos do templo, bem como as ovelhas e os bois; espalhou as moedas dos cambistas e virou as suas mesas. Aos que vendiam pombas disse: "Tirem estas coisas daqui! Parem de fazer da casa de meu Pai um mercado!" (João 2:14-16)

Ele também repreendeu severamente os fariseus e escribas que estavam ensinando inverdades e coisas contrárias à palavra de Deus (Mateus 12:34; 23:13-35; Lucas 11:42-44).

Nível de Mansidão Espiritual

Uma coisa que devemos saber é que há mansidão no amor espiritual de 1 Coríntios capítulo 13, e também mansidão espiritual entre os nove frutos do Espírito, em Gálatas 5.

Então, como essa mansidão das duas passagens acima se diferencia da mansidão das Bem-Aventuranças? Obviamente, as três coisas não são completamente diferentes. Basicamente significam ser suave e manso, tendo amor e virtude. Todavia, a profundidade e o cumprimento de cada uma são diferentes.

Primeiro, a mansidão no amor espiritual é o nível mais básico de mansidão para se amar espiritualmente. A mansidão nos nove frutos do Espírito, por sua vez, já tem um sentido mais amplo; é a mansidão em todos os aspectos.

A mansidão nos frutos do Espírito nasce no coração como um fruto e, quando esse fruto faz efeito e traz bênçãos, então essa é a mansidão das Bem-Aventuranças.

Por exemplo, podemos dizer que quando uma árvore linda está cheia de bons frutos, chamamos isso de "frutos do Espírito", mas quando pegamos os frutos e eles passam a trazer benefício para o corpo, eles serão "frutos nas Bem-Aventuranças." Portanto, podemos dizer que a mansidão nas Bem-Aventuranças é de um nível maior.

Bênçãos Dadas aos Espiritualmente Mansos

Como dito em Mateus 5:5: *"Bem-aventurados os mansos, porque eles herdarão a terra"* (Almeida Corrigida e Revisada Fiel), se tivermos mansidão espiritual, herdaremos terra. Aqui, 'receber terra' não significa que receberemos terras nesta terra, mas que teremos terra no reino eterno celestial (Salmo 37:29).

Herança é a aquisição de uma posse, condição ou traço de gerações passadas. A propriedade proveniente de uma herança é geralmente mais reconhecida pelos outros do que a que é comprada por dinheiro.

Por exemplo, se uma pessoa tem um pedaço de terra que tem sido passado na família já por várias gerações, todas as pessoas do local saberão disso. A família continuará com a prática e considerará aquela terra como algo muito precioso, passando-a a seus filhos. Portanto, herdar a terra significa que vamos certamente recebê-la como nossa terra.

Então, por que Deus dá terras aos que têm mansidão espiritual no reino dos céus? O Salmo 37:11 diz: *"Mas os mansos herdarão a terra, e se deleitarão na abundância de paz"* (Almeida Corrigida e Revisada Fiel). Como dito, é porque os mansos têm virtude e abraçam a muitos.

Aquele que tem mansidão consegue perdoar as faltas dos outros, entendê-los e abraçá-los, de modo que muitas pessoas encontrem descanso e desfrutem de paz, quando com ele.

Quando uma pessoa ganha o coração de muitos, isso se torna autoridade espiritual para ela, e até no reino celestial ela receberá grande autoridade. Logo, ela, naturalmente, herdará um bom pedaço de terra.

Autoridade Espiritual para Herdar Terra no Reino dos Céus

Neste mundo, a pessoa tem autoridade só quando tem fama e bens, mas no reino dos céus, a autoridade espiritual é dada aos que se humilham e servem aos outros.

Mateus 20:26-28 diz: *"Não será assim entre vocês. Ao contrário, quem quiser tornar-se importante entre vocês deverá ser servo, e quem quiser ser o primeiro deverá ser escravo; como o Filho do homem, que não veio para ser servido, mas para servir e dar a sua vida em resgate por muitos."*

Mateus 18:3-4 diz: *"Eu lhes asseguro que, a não ser que vocês se convertam e se tornem como crianças, jamais entrarão no Reino dos céus. Portanto, quem se faz humilde como esta criança, este é o maior no Reino dos céus."*

Se formos como crianças, teremos grande humildade em

nosso coração e assim poderemos ganhar o coração de muitas pessoas na terra e nos tornarmos grandes no céu.

Além disso, quando abraçamos o coração de muitas pessoas com mansidão espiritual, Deus nos dá grandes pedaços de terra para desfrutarmos de autoridade para sempre. Se não ganharmos grandes terras no céu, como casas grandes e maravilhosas poderão ser construídas?

Suponha que tenhamos feito muitas obras para Deus e recebemos materiais para construir nossa casa no céu. Se tivermos apenas um pequeno pedaço de terra, como poderemos construir uma grande casa?

Portanto, aqueles que forem para Nova Jerusalém receberão grandes pedaços de terra, por terem alcançado a mansidão espiritual completamente. Com terrenos grandes, suas casas também poderão ser grandes e lindas.

Além do mais, para cada casa, da forma mais adequada, haverá instalações naturais como lindos jardins cuidados, lagos, vales e montanhas; e instalações construídas como piscinas, playgrounds, salões de baile, etc. Deus faz questão de que o proprietário da casa tenha tudo para convidar para banquetes e para compartilharem seu amor eternamente, aqueles que abraçou e ajudou a crescer em espírito

Até hoje Deus procura por mansos para dar-lhes deveres de abraçar muitas almas e levá-las à verdade. Desta forma, eles receberão vastas porções de terra como herança no céu. Logo, que possamos efetuar a mansidão e santificação do nosso coração, para que possamos herdar vasta terra no reino celestial.

Bem-aventurados Os Que Têm Fome e Sede De Justiça, Pois Serão Satisfeitos

Mateus 5:6

"Bem-aventurados os que têm fome e sede de justiça, pois serão satisfeitos."

Um ditado coreano diz: "Se três dias sem comer ficar, um ladrão tornará." Ele fala da dor da fome. Até o mais forte homem não poderá fazer nada, se estiver passando fome.

Se pular um ou duas refeições já não é fácil, quanto mais ficar sem comer um, dois ou três dias! Primeiro, você sente fome. Depois, com o passar do tempo, sente dor na barriga e depois pode até suar frio. Todo o seu corpo passa a doer e as funções dele passam a ficar prejudicadas. Seu desejo por comida é o maior possível em uma situação assim. E se nada mudar, você pode morrer.

Até hoje existem pessoas que sofrem de fome severa. Em guerras há até quem chega a comer plantas venenosas. Existem ainda muitas pessoas que vivem, dia após dia, alimentando-se de restos achados em latas de lixo.

Entretanto, algo mais insuportável ainda do que a fome é a sede. Sabe-se bem que 70% do corpo humano é composto de água. Se perdermos apenas 2% de líquido do corpo, teremos muita sede. Se 4%, o corpo começa a se enfraquecer e podemos até perder a consciência.; e se 10%, podemos morrer.

Á água é um elemento absolutamente essencial para o corpo humano. Há pessoas que ao viajar por desertos sob sol escaldante sentem tanta sede que seguem uma miragem, achando que estão vendo um oásis e acabam perdendo suas vidas.

Portanto, ter fome e sede é algo realmente doloroso e pode até causar a nossa morte. Então, por que Deus diz que bem-aventurados são os que têm sede e fome de justiça?

Os que Têm Sede e Fome de Justiça

Justiça é o substantivo de ser justo, que quer dizer: "agir de acordo com a lei moral ou divina, livre de culpa ou pecado." Ao nosso redor, podemos ver pessoas que chegam a sacrificar suas vidas para manter algum tipo errôneo de justiça entre amigos. Há também quem proteste contra irregularidades sociais, insistindo que sua crença sim é que é justiça.

Mas a justiça de Deus é diferente. É seguir a vontade de Deus e praticar a palavra Dele, que é a bondade em si, e se refere a cada passo que precisamos tomar até recuperar completamente a imagem perdida de Deus e sermos santos.

Aqueles que têm sede e fome de justiça deleitam-se na Lei do SENHOR Deus e meditam nela dia e noite, como escrito no Salmo 1:1-2, pois a palavra de Deus fala qual é a Sua vontade e que tipos de obras são justas.

Como na confissão do salmista, pessoas assim anseiam pela palavra de Deus e se alimentam dela dia e noite; o que é diferente de simplesmente armazená-la como conhecimento. Elas aplicam a palavra em suas vidas.

"Os meus olhos fraquejam, aguardando a tua salvação e o cumprimento da tua justiça" (Salmo 119:123).

"Antes do amanhecer me levanto e suplico o teu socorro; na tua palavra coloquei minha esperança. Fico acordado nas vigílias da noite, para meditar nas tuas promessas" (Salmo 119:147-148).

Se realmente conhecermos o amor de Deus, ansiaremos muito pela Sua palavra, tendo, consequentemente, fome e sede de justiça. Isso se dá porque entendemos que o único Filho de Deus, Jesus, que era inocente e sem mancha, tomou os sofrimentos e a vergonha da cruz por nós, para nos redimir dos nossos pecados e nos dar a vida eterna.

Se crermos nesse amor da cruz, não conseguiremos deixar de viver pela palavra de Deus. Pensaremos: 'Como posso retribuir o amor do Senhor e agradar a Deus? Como posso fazer o que Deus quer?' Assim como o veado sedento procura por um riacho, buscaremos o tipo de justiça que Deus quer.

Sendo assim, obedeceremos diligentemente à palavra na medida em que a ouvimos, livrando-nos dos nossos pecados e praticando a verdade.

As Obras dos que Têm Fome e Sede de Justiça

Pelo poder de Deus eu fui curado de muitas doenças que a medicina não podia curar. Por essa ter sido a maneira como eu conheci Deus, eu ansiei pela palavra Daquele que me dera uma nova vida. Para ouvir e entender mais a palavra, eu ia a todos os cultos de avivamento e buscava a Deus para ter um relacionamento cada vez mais próximo Dele.

"Amo os que me amam, e quem me procura me encontra" (Provérbios 8:17).

À medida que eu entendia a vontade de Deus através de sermões sobre guardar o sábado, dar o dízimo e não ir para diante de Deus de mãos vazias (Êxodo 23:15), passava a tentar praticar a palavra diligentemente. Com gratidão a Deus em meu coração, por Ele me ter curado e salvado, tive sede de praticar a Sua palavra.

Quando o processo da prática da justiça de Deus começou, percebi que eu tinha ódio em meu coração. Então eu pensei: "O que sou para ter a capacidade de odiar alguém?"

Tinha ódio contra aqueles que haviam me ferido, enquanto estava de cama por 7 anos, mas entendi o amor de Jesus, que foi crucificado e derramou o Seu sangue e água por mim, e passei a orar muito para me ver livre daquele sentimento.

"Clame a mim e eu responderei e lhe direi coisas grandiosas e insondáveis que você não conhece" (Jeremias 33:3).

Enquanto orava e pensava a partir do ponto de vista do outro, pude ver que eles tinham alguma razão de agir daquele jeito na situação deles.

Ao pensar em como eles deviam estar inconsoláveis diante da minha falta de esperança, todo o ódio em mim se derreteu e passei a amar qualquer tipo de pessoa de todo o coração. Também mantive em mente as palavras da Bíblia que nos dizem coisas que devemos 'fazer', 'não fazer', 'guardar' e 'nos livrar'. Coloquei-as em prática. Escrevi cada uma das naturezas pecaminosas das quais tinha de me despojar em um caderno e comecei a me livrar delas com oração e jejum. Quando tive certeza de que tinha me livrado de alguma, eu fazia um X de caneta vermelha sobre a anotação no caderno. Enfim, levei três anos para riscar todas as naturezas pecaminosas do caderno.

1 João 3:9 diz: *"Todo aquele que é nascido de Deus não pratica o pecado, porque a semente de Deus permanece nele; ele não pode estar no pecado, porque é nascido de Deus."* Quando temos fome e sede de justiça e obedecemos e praticamos a palavra de Deus, essa será a evidência de que pertencemos a Ele.

Coma da Carne e Beba do Sangue do Filho do Homem

Do que aqueles que têm fome e sede mais precisam? Obviamente, de comida para satisfazer sua fome e de bebida para matar sua sede. Comida e bebida para eles são mais valorosos do que qualquer pedra preciosa.

Dois comerciantes entraram em uma tenda no deserto e aos poucos começaram a se gabar das joias que tinham. Então, um nômade árabe, que os observava, contou-lhes sua história.

Esse nômade gostava muito de joia. Enquanto atravessava o deserto, enfrentou uma tempestade de areia e ficou sem comer por vários dias, ficando exausto. Então ele encontrou uma bolsa e a abriu. Ela estava cheia de pérolas – tipo de coisa que tanto apreciava.

Será que ele ficou realmente feliz em achar aquelas pérolas? Na verdade, não. Ele se desesperou ainda mais. O que ele mais precisava não era de pérolas, mas de comida e água. Qual a utilidade de pérolas, quando se está morrendo de fome?

E assim também é com o espírito. Em João 6:55 Jesus disse: *"Pois a minha carne é verdadeira comida e o meu sangue é verdadeira bebida."* Ele também disse: *"Eu lhes digo a verdade: Se vocês não comerem a carne do Filho do homem e não beberem o seu sangue, não terão vida em si mesmos"* (João 6:53).

Em outras palavras, o de que precisamos para o nosso espírito é ter vida espiritual e desfrutar da bênção de sermos cheios, comendo da carne e bebendo do sangue de Jesus.

Aqui, a carne do Filho do Homem, Jesus, simboliza a palavra de Deus. Comer da Sua carne significa ter contato e guardar a palavra de Deus escrita nos 66 livros da Bíblia. Beber do sangue de Jesus é orar com fé e praticar a palavra de Deus que lemos, ouvimos e aprendemos.

O Processo de Crescimento Daqueles que Têm Fome e Sede de Justiça

1 João, capítulo 2, nos dá uma descrição detalhada do que é crescer em fé espiritual e manter a vida eterna, comendo da carne e bebendo do sangue do Filho do Homem.

"Filhinhos, eu lhes escrevo porque os seus pecados foram perdoados, graças ao nome de Jesus. Pais, eu lhes escrevo porque vocês conhecem aquele que é desde o princípio. Jovens, eu lhes escrevo porque venceram o Maligno. Filhinhos, eu lhes escrevi porque vocês conhecem o Pai. Pais, eu lhes escrevi porque vocês conhecem aquele que é desde o princípio. Jovens, eu lhes escrevi, porque vocês são fortes, e em vocês a Palavra de Deus permanece e vocês venceram o Maligno" (1 João 2:12-14).

Quando um homem que não conhece a Deus aceita Jesus Cristo e recebe o perdão pelos seus pecados, ele recebe o Espírito Santo e também o direito de se tornar um filho de Deus; inicialmente, como um recém-nascido.

À medida que esse bebê vai crescendo e se tornando uma criança, ele passa a conhecer cada vez mais a vontade de Deus, assim como uma criança reconhece seu pai e mãe, mas ele ainda não consegue praticar a palavra completamente. É como a criança que ama os pais, mas cujos pensamentos ainda não são consistentes e que ainda não consegue entender completamente o coração deles.

Depois de passada a fase de criança espiritual, a pessoa se torna um jovem adulto em espírito que se armou com a palavra e oração. Ela agora sabe o que é pecado e conhece a vontade de Deus. Jovens adultos são energéticos e possuem suas próprias opiniões, muitas vezes fortes também. Assim, eles são propensos a errar, mas ao mesmo tempo, têm a confiança e força para alcançar seu objetivo.

Nessa fase espiritual, as pessoas amam a Deus e têm uma fé forte, não aceitando nada do mundo, inclusive as coisas mais sutis. Elas estão cheias do Espírito, colocam sua esperança no reino celestial e lutam contra os pecado, à medida que ouvem a palavra de Deus.

Elas têm a força e a valentia para resistir tribulações ou tentações. A palavra de Deus habita nelas e, assim, elas conseguem vencer o inimigo e o mundo, sempre obtendo vitória.

Ao terminarem de passar pela fase de jovens adultas e se tornarem pais, essas pessoas estão mais maduras. Com suas experiências, elas agora conseguem pensar profundamente sobre todos os aspectos envolvidos nos processos de tomada de decisão, a fim de fazerem o julgamento certo das coisas em cada situação. Elas também têm a sabedoria de abaixar a cabeça de tempos em tempos.

Muitos dizem que só entendemos o coração de pais, quando

temos nossos próprios filhos. Semelhantemente, só quando nos tornamos pais espirituais é que podemos entender a origem de Deus, entendendo assim a Sua providência e possuindo o maior nível de fé.

Um pai espiritual é a pessoa que está em um nível em que consegue entender a origem de Deus e todos os outros segredos do mundo espiritual, como por exemplo, a criação do céu e da terra. Como ele conhece o coração e a vontade de Deus, ele obedece exatamente segundo o Seu coração e, portanto, recebe Seu amor e todos os tipos de bênçãos, inclusive saúde, fé, autoridade, bens, filhos, etc.

A Bênção de Ser Espiritualmente Cheio

Depois que nascemos de novo como filhos de Deus, à medida que nos alimentamos do alimento verdadeiro e tomamos da bebida verdadeira, podemos crescer espiritualmente e entrar numa dimensão espiritual. À medida que nos aprofundamos nessa dimensão espiritual, podemos governar sobre o inimigo cada vez mais facilmente, e ainda conseguimos entender o profundo coração de Deus Pai.

Conseguimos nos comunicar com Deus claramente e ser guiados pelo Espírito Santo em todas as coisas, de modo que prosperamos em tudo. Viver em comunicação com Deus, através da plenitude do Espírito Santo, é a bênção de estar satisfeito, que é dada aos que têm fome e sede de justiça.

Como dito em Mateus 5:6: *"Bem-aventurados os que têm fome e sede de justiça, pois serão satisfeitos"*, aqueles que recebem a bênção de estar satisfeitos não têm como se deparar com testes ou provações.

Ainda que haja obstáculos, Deus, através do direcionamento do Espírito Santo, nos faz evitá-los. Mesmo se nos deparamos com alguma dificuldade, Ele nos mostra a saída. Como nossa alma é próspera, todas as coisas nos vão bem, somos saudáveis, somos guiados à prosperidade em todas as áreas da nossa vida e os nossos lábios então se enchem de testemunhos.

Se formos guiados pelo Espírito Santo dessa forma, receberemos força para nos darmos conta de pecados e maldades e facilmente nos despojaremos deles, correndo em direção à santificação. No processo de santificação de nossa vida cristã, às vezes não é fácil identificar coisas que estão escondidas nas profundezas do nosso coração ou iniquidades muito pequenas.

Nessa situação, se o Espírito Santo nos ilumina, podemos ver o que devemos fazer e alcançar. Assim, passamos para níveis maiores de fé.

Há a possibilidade de, apesar de não praticarmos a inverdade de cometer pecados, não sabermos qual caminho agrada mais a Deus em várias situações. Nesses casos, se entendermos o que mais agrada a Deus pelas obras do Espírito Santo e fizermos a coisa, nossa alma prosperará ainda mais.

A Importância do Verdadeiro Alimento e Verdadeira Bebida

Devendo centenas de milhares de dólares, certo crente estava desesperado e foi para diante de Deus se apegar a Ele. Acreditando que aquela era a sua última esperança, ele começou a orar e a ouvir a palavra de Deus com um coração desejoso. Ouvia fitas cassete de sermões no caminho para o trabalho, lia pelo menos um capítulo da Bíblia e memorizava um versículo por dia. Então, ele podia se lembrar da palavra de Deus a todo o momento de seu dia e segui-la.

Mas isso não significa que a porta de bênção se abriu de uma hora para outra. À medida que ele buscava a Deus intensamente e orava fervorosamente, Sua fé crescia. Sua alma ficou próspera e bênçãos começaram a vir sobre sua empresa. Em pouco tempo ele pôde pagar a sua dívida e, até hoje, seus dízimos ainda estão aumentando.

Da mesma maneira, se realmente tivermos fome e sede de justiça, do mesmo jeito que pessoas com fome procuram o que comer, e com sede, procuram o que beber, buscaremos e alcançaremos a justiça. Como resultado, receberemos a bênção da saúde e da riqueza. Receberemos a plenitude e a inspiração do Espírito Santo e teremos comunicação com Deus, conseguindo realizar o Seu reino totalmente.

'Quanto penso em Deus, leio e medito em Sua palavra todos os dias?'

'Qual a intensidade das minhas orações e tentativas de praticar a palavra de Deus?'

Que possamos examinar a nós mesmos desta forma e ter fome e sede de justiça até a volta do Senhor, para que recebamos a bênção de ser espiritualmente cheios por Deus Pai.

Assim, poderemos nos comunicar com Ele profundamente, ser guiados a uma vida próspera e, o mais importante, ter um glorioso lugar no céu.

Bem-aventurados Os Misericordiosos, Pois Obterão Misericórdia

Mateus 5:7

"Bem-aventurados os misericordiosos,

pois obterão misericórdia."

Jean Valjean em *Les Misérables* ficou preso por 19 anos apenas por ter roubado uma bisnaga de pão. Ao ser solto, um padre lhe deu comida e abrigo, mas aí ele roubou-lhe um candelabro de prata e fugiu. A polícia o capturou e o levou ao padre. Para salvá-lo o padre disse que havia dado aquele objeto a Jean Valjean. Ao perguntar-lhe: "Por que você não levou o pires?" o padre ainda eliminou qualquer dúvida que o detetive pudesse ter.

Com esse incidente, Jean Valjean pôde aprender sobre o que é o verdadeiro amor e começou a viver uma nova vida. Mas então, o detetive seguiu Valjean e causou-lhe muitos problemas. Depois de algum tempo, Valjean salvou o detetive de um tiro e ele disse: "Existem muitas coisas amplas como o mar, a terra e o céu... O perdão ultrapassa todas elas."

Tendo Misericórdia dos Outros

Se perdoarmos os outros com misericórdia, poderemos tocar seus corações e eles poderão ser até transformados. O que significa misericórdia?

É o tipo de coração que perdoa verdadeiramente, ora e aconselha com amor, mesmo quando a pessoa peca ou nos faz sofrer diretamente. É semelhante à bondade citada nos nove frutos do Espírito, de Gálatas 5; só que mais profunda.

A bondade é o coração para seguir somente a bondade, sem nada de maldade, é claramente vista em Jesus, que não discutiu ou gritou.

"Não discutirá nem gritará; ninguém ouvirá sua voz nas ruas. Não quebrará o caniço rachado, não apagará o pavio fumegante, até que leve à vitória a justiça" (Mateus 12:19-20).

Não querer o caniço rachado significa que ainda que alguém faça alguma maldade, o Senhor não pune a pessoa imediatamente, mas dá-lhe suporte até ela receber a salvação. Por exemplo, Jesus sabia que Judas Iscariotes ia vendê-Lo, mas ainda assim, Ele o aconselhou com amor e a todo tempo tentou fazê-lo entender as coisas.

Depois, não apagará o pavio fumegante significa que Deus não abandona Seus filhos de uma hora para outra, quando eles não vivem na verdade. Ainda que venhamos a pecar (uma vez que não somos perfeitos), Deus nos faz ver e entender as coisas através do Espírito Santo e é paciente conosco até o fim, para que possamos ser transformados pela verdade.

'Misericórdia' é entender, perdoar e guiar os outros pelo caminho certo, com um coração como o do Senhor; mesmo quando eles nos fazem mal, sem razão. É não pensar só com a nossa opinião, seguindo coisas para o nosso próprio bem, mas é ver a opinião dos outros, para que consigamos entendê-los e ser misericordiosos para com eles.

Jesus Perdoou a Adúltera

Em João, capítulo 8, os fariseus e escribas trouxeram a Jesus uma mulher pega em adultério. Para testá-Lo, fizeram-Lhe uma pergunta. *"Na Lei, Moisés nos ordena apedrejar tais mulheres. E o senhor, que diz?"* (v. 5) Imagine só essa situação. A mulher que havia cometido adultério devia estar tremendo de vergonha de ter seu pecado sendo revelado diante de todos e de medo da morte. Aqueles escribas e fariseus, cheios de más intenções, sequer perceberam que a mulher estava apavorada. Ao invés disso, eles estavam orgulhosos de poder encurralar Jesus. Provavelmente, a esse ponto muitas pessoas que estavam assistindo àquela cena já estavam até com pedras nas mãos, julgando a mulher, segundo a Lei.

O que Jesus fez? Ele inclinou-se e começou a escrever no chão com o dedo o nome dos pecados comuns aos que estavam presentes naquele local. Então, Ele se levantou e disse: *"Se algum de vocês estiver sem pecado, seja o primeiro a atirar a pedra nela"* (v. 7).

Os judeus puderam se lembrar de seus pecados e, envergonhados, foram deixando o lugar, um por um. No fim, restaram apenas Jesus e a mulher. Jesus lhe perdoou e disse: *"Eu também não a condeno. Agora vá e abandone sua vida de pecado"* (v. 11). Aquela mulher deve ter se lembrado daquilo pelo resto de sua vida. Ela provavelmente não deve ter pecado mais, desde então.

Assim, a misericórdia pode ser expressa de várias formas e pode ser categorizada em misericórdia de perdão, misericórdia de punição e misericórdia de salvação.

Infinita Misericórdia de Salvação

Aqueles que aceitaram Jesus Cristo como seu Salvador já receberam grande misericórdia de Deus. Sem ela, não nos resta outro caminho, senão ir para o inferno e sofrer eternamente por causa dos nossos pecados.

Mas Jesus derramou o Seu sangue na cruz para redimir a humanidade de seus pecados e, quando cremos nisso, podemos ser perdoados pela graça e ser salvos: essa é a misericórdia de Deus.

Deus continua, até hoje, com o coração como o de pais que esperam aflitos pelo filho que saiu de casa, esperando ansiosamente que cada vez mais almas sigam o caminho da salvação.

E quando alguém entristece profundamente a Deus, se a pessoa se arrepender verdadeiramente e se converter, Deus não a repreenderá dizendo: "Por que você me decepcionou tanto? Por que cometeu tantos pecados?" Ele simplesmente a abraçará com o Seu amor.

"Venham, vamos refletir juntos", diz o SENHOR. "Embora os seus pecados sejam vermelhos como escarlate, eles se tornarão brancos como a neve; embora sejam rubros como púrpura, como a lã se tornarão" (Isaías 1:18).

"e como o Oriente está longe do Ocidente, assim ele afasta para longe de nós as nossas transgressões" (Salmo 103:12).

Quando diante de uma pessoa que fez algo errado no passado, mas já se arrependeu e se converteu, os misericordiosos não se lembrarão das iniquidades dela, pensando: 'Ela já cometeu um pecado tão sério...' Eles não se afastarão ou deixarão de gostar dela, mas simplesmente lhe perdoarão e ainda a incentivarão e a ajudarão a ser alguém melhor.

A Parábola do Servo Perdoado

Um dia Pedro perguntou a Jesus sobre o perdão: *"Senhor, quantas vezes deverei perdoar o meu irmão quando ele pecar contra mim? Até sete vezes?"* (Mateus 18:21), achando que perdoar até sete vezes já era algo muito gentil. Jesus respondeu: *"Eu lhe digo: não até sete, mas até setenta vezes sete"* (Mateus 18:22).

Isso não quer dizer que devemos perdoar setenta vezes sete, isto é, quatrocentos e noventa vezes. Sete é o número da perfeição. 'Setenta vezes sete' significa que temos de perdoar sem medidas e perfeitamente. Então, com uma parábola, Jesus ensinou sobre misericórdia e perdão.

Um rei tinha muitos servos. Um deles devia o rei dez mil talentos, mas não podia pagar-lhe. Um talento naquela época era o mesmo que 6.000 denários, que é o equivalente ao salário referente a 6.000 dias trabalhados; e para um trabalhador ordinário, o valor total devido seria conseguido em 16 anos de trabalho.

Suponha que o salário diário de um trabalhador comum seja 50.000 wons, ou mais ou menos 50 dólares americanos. Então, um talento seria como 300.000.000 wons ou aproximadamente 300.000 dólares. Dez talentos seriam 3 trilhões de wons ou 3 bilhões de dólares. Onde um servo acharia tamanha quantia?

O rei lhe falou para vender sua esposa, filhos e todas as suas posses, para que ele pudesse lhe pagar. O servo, então, prostrou-se ao chão e implorou ao rei dizendo: *"Tem paciência comigo, eu te pagarei tudo"* (v. 26). O rei teve compaixão dele e o libertou e perdoou sua dívida.

Esse mesmo servo que tinha sido perdoado de tão grande dívida encontrou um de seus conservos que lhe devia 100 denários. Um denário era uma moeda de prata do Império Romano e era o salário diário por um dia de trabalho ordinário. Se considerarmos 50.000 wons como sendo o salário de um dia de trabalho, o total da dívida desse conservo seria apenas mais ou menos 5 milhões de wons, ou aproximadamente 5.000 dólares – quantia realmente pequena, se comparada à dívida de dez mil talentos.

Mas o servo que havia sido perdoado de sua dívida agarrou seu conservo e começou a dizer-lhe: 'Paga-me o que me deve'. Mesmo o conservo pedindo misericórdia, ele ainda o prendeu.

Quando o rei veio a saber o que tinha acontecido, irou-se e disse: *"Servo mau, cancelei toda a sua dívida, porque você me implorou. Você não devia ter tido misericórdia do seu conservo como eu tive de você?"* (Mateus 18:32-33) e prendeu-o.

E é o mesmo conosco. Nós, que antes estávamos destinados a um caminho de morte por causa dos nossos pecados, fomos perdoados deles gratuitamente, simplesmente pelo amor de Jesus Cristo. Sendo assim, se não perdoarmos pequenos erros dos outros, mas julgá-los e condená-los, isso é mau.

Tenha um Coração Aberto para Perdoar as Pessoas

Ainda que possamos enfrentar alguma perda por causa de outros, não devemos deixar de gostar deles ou evitá-los, mas sim entendê-los e abraçá-los. Dessa maneira, podemos ter um coração aberto para abraçar a muitos.

Se tivermos misericórdia, não odiaremos nem teremos sentimentos negativos em relação a ninguém. Mesmo quando a outra pessoa faz algo errado aos olhos de Deus, ao invés de puni-la, primeiro devemos ser capazes de aconselhá-la com amor.

Existem pessoas que, ao aconselharem alguém, têm sentimentos inquietos sobre o que a pessoa fez e acabam ferindo-a com seus conselhos. Se for assim, elas não devem pensar que estão aconselhando com amor. Ainda que citem versículos da palavra da verdade, se não o fizerem com amor, o Espírito Santo não agirá e, portanto, a outra pessoa não poderá ter o seu coração transformado.

Mesmo quando líderes fazem algo de errado aos seus subordinados, 1 Pedro 2:18 diz: *"Escravos [servos], sujeitem-*

se a seus senhores com todo o respeito, não apenas aos bons e amáveis, mas também aos maus." Logo, temos de obedecer com humildade e orar por eles com amor.

E quando subordinados fazem algo de errado aos seus líderes, esses não devem simplesmente repreendê-los imediatamente ou sair de perto deles, para não quebrar a paz do momento, mas devem ser capazes de ensiná-los com a palavra e fazê-los entender tudo corretamente. Isso também é um tipo de misericórdia.

Quando líderes se importam com seus subordinados com amor e misericórdia, guiando-os com bondade, estão agindo com justiça. Além disso, os líderes que agirem assim se sentirão recompensados, pois cumpriram o dever de guiar e cuidar daqueles que lhes foram confiados.

Independente da situação que estivermos, devemos sempre ser capazes de entender o ponto de vista dos outros. Temos de orar por eles e aconselhá-los com o mesmo amor que temos por nossa própria vida. Quando temos esse tipo de amor, podemos ter de, às vezes, até mesmo punir aqueles que estão indo pelo caminho errado, a fim de guiá-los para a verdade.

Misericórdia na Punição Contendo Amor

Ao mesmo tempo em que há a misericórdia de perdão, existe também a misericórdia de punição. Esta se dá, quando a misericórdia é expressa por meio de uma punição, de acordo com a situação. Essa misericórdia de punição, entretanto, não é expressa com ódio ou condenação, mas sim com puro amor.

"pois o Senhor disciplina a quem ama, e castiga todo aquele a quem aceita como filho. Suportem as dificuldades, recebendo-as como disciplina; Deus os trata como filhos. Ora, qual o filho que não é disciplinado por seu pai? Se vocês não são disciplinados, e a disciplina é para todos os filhos, então vocês não são filhos legítimos, mas sim ilegítimos" (Hebreus 12:6-8).

Deus ama Seus filhos, e é por isso que às vezes punições lhes são permitidas. Dessa forma, Deus os ajuda a se converter de seus pecados e agir segundo a verdade.

Suponha que seus filhos tenham roubado algo. Só porque amar é corrigir, provavelmente não serão muitos pais que baterão em seus filhos com uma vara, já na primeira coisa errada que eles fizeram. Se eles se arrependerem com lágrimas e de coração, os pais provavelmente os abraçarão e dirão: "Desta vez eu vou lhes perdoar. Nunca mais façam isso."

Mas, se os filhos disserem que estão arrependidos e que nunca mais farão aquilo, mas na prática continuarem fazendo a mesma coisa, o que os pais devem fazer então?

Eles devem fazer o que puderem para aconselhá-los. Se eles, porém, não derem ouvidos, por mais que doa o coração, os pais precisam usar a vara e bater neles, para que assim eles possam guardar aquilo no fundo de seus corações. Por amor aos seus filhos, os pais os punem, para que eles possam mudar de atitude antes que façam algo pior.

Quando Filhos Cometem Pecados

No tribunal, um ladrão pediu às autoridades que o deixassem ver sua mãe antes do julgamento. Ao encontrá-la, ele gritou dizendo que a culpa de ele ter se tornado um ladrão era toda dela, pois ela não o puniu, quando ele roubou a primeira coisa em sua infância.

Quando indagados por que não punem seus filhos, quando fazem algo de errado, a maioria dos pais dizem que é porque eles os amam. Contudo, Provérbios 13:24 diz: *"Quem se nega a castigar seu filho não o ama; quem o ama não hesita em discipliná-lo."*

Se tudo o que pensarmos de nossos filhos for: 'Oh, meu querido bebezinho'!, então até os erros que eles cometerem nos parecerão lindos. É por causa desse tipo de afeição carnal que muitas pessoas não discernem entre o certo e o errado e fazem julgamentos errados.

Além do mais, mesmo se os filhos continuarem agindo inapropriadamente e os pais não os corrigirem, mas continuarem aceitando tudo, o comportamento deles então só piorará.

Por exemplo: em 1 Samuel, capítulo 2, vemos os dois filhos do sacerdote Eli, Hofni e Fineias, deitando com as mulheres que serviam à porta da Tenda do Encontro. Eli, todavia, só lhes falava: *"Meus filhos; de todo o povo ouço a respeito do mal que vocês fazem"* (v. 24). Eles continuaram pecando e tiveram uma morte miserável.

Se o sacerdote Eli os tivesse admoestado severamente e os repreendido da forma certa, quando necessário, eles não teriam seguido pelo caminho errado do jeito que foram. Eles acabaram chegando num ponto onde não conseguiam mudar de atitude, porque o pai deles não os havia criado da maneira certa.

Mas, no mesmo tipo de punição, se não houver amor nela, não podemos chamá-la de misericórdia. Suponha que o filho de um vizinho tenha roubado algo de você. O que você faria?

Aqueles que têm bondade terão misericórdia dele e lhes perdoarão, se ele estiver pedindo perdão de coração. Mas aqueles que não têm bondade ficarão irados, repreenderão o menino e, mesmo que ele peça perdão, ainda exigirão punição.

Eles também poderão espalhar o malfeito do menino a muitas pessoas, ou ainda poderão se lembrar sempre daquilo e alimentar um preconceito contra a criança;

Esse tipo de punição vem do ódio e, portanto, não é misericórdia. Não pode mudar a outra pessoa. Quando punimos, temos de punir com amor, considerando o ponto de vista e o futuro do outro, para que a punição seja em misericórdia.

Quando Irmãos na Fé Pecam

Quando um irmão na fé peca, a Bíblia nos fala detalhadamente como devemos proceder.

> *"Se o seu irmão pecar contra você, vá e, a sós com ele, mostre-lhe o erro. Se ele o ouvir, você ganhou seu irmão. Mas se ele não o ouvir, leve consigo mais um ou dois outros, de modo que 'qualquer acusação seja confirmada pelo depoimento de duas ou três testemunhas'. Se ele se recusar a ouvi-los, conte à igreja; e se ele se recusar a ouvir também a igreja, trate-o como pagão ou publicano"* (Mateus 18:15-17).

Quando vemos um irmão na fé pecar, não devemos espalhar a notícia para os outros. Primeiro, devemos conversar com ele pessoalmente, para que ele possa mudar de atitude. Se ele não escutar, devemos conversar com ele junto com pessoas de posição maior em seu grupo, para que ele possa se converter.

Se, ainda assim, ele não der ouvidos, devemos, então, falar com as autoridades da igreja para guiá-lo ao caminho da salvação. Se ele continuar não escutando, então a bíblia nos diz para o considerarmos como um incrédulo. Não devemos julgar ou condenar nem a pessoa que comete um pecado grave. Só quando demonstramos amor e misericórdia é que recebemos misericórdia de Deus também.

Misericórdia em Obras de Caridade

Cuidar dos necessitados e ter misericórdia para com eles é algo óbvio para os filhos de Deus. Quando irmãos na fé sofrem, se apenas dissermos que sentimos muito, mas não demonstrarmos isso na prática, não estaremos sendo misericordiosos. A misericórdia em obras de caridade aos olhos de Deus é compartilhar o que temos, quando irmãos estão passando por necessidade.

Tiago 2:15-16 diz: *"Se um irmão ou irmã estiver necessitando de roupas e do alimento de cada dia e um de vocês lhe disser: 'Vá em paz, aqueça-se e alimente-se até satisfazer-se', sem porém lhe dar nada, de que adianta isso?"*
Alguns podem dizer: "Eu realmente quero ajudar, mas não tenho nada para dar." Contudo, que pais simplesmente assistiriam aos filhos passarem fome só por estarem em uma situação financeira difícil? Da mesma forma, devemos ser capazes de agir com nossos irmãos na fé da mesma maneira que agiríamos com nossos próprios filhos.

Aqueles que São Punidos Por Causa de Seus Pecados

Quando demonstramos misericórdia e ajudamos os necessitados, precisamos manter algo em mente: o fato de que não devemos ajudar aqueles que estão em dificuldade por causa de seus pecados contra Deus. Isso é trazer problemas para nós mesmos.

Durante o reinado do rei Jeroboão no reino de Israel, havia um profeta chamado Jonas. No livro de Jonas, vemos pessoas passando por situações difíceis junto com Jonas, que tinha desobedecido a Deus.

Um dia Deus disse a Jonas para ir à cidade de Nínive, capital da cidade de um país que era hostil para com Israel e proclamar a advertência de Deus. O motivo era que a cidade de Nínive estava cheia de pecados e Deus ia destruí-la.

Jonas sabia que, se o povo de Nínive se arrependesse ao ouvir a advertência de Deus, eles escapariam da destruição. Ele conhecia o coração de Deus, cuja misericórdia é sem limites, e é o amor em Si. Então, aquilo seria como ajudar a Assíria, que era hostil para com Israel também, e Jonas desobedeceu à palavra de Deus, tomando um barco para ir para Társis.

Então Deus mandou uma grande tempestade e as pessoas que estavam no barco jogaram fora tudo o que tinham a bordo e estavam sofrendo grande prejuízo. No fim, eles descobriram que tudo aquilo era por causa de Jonas, que havia desobedecido a Deus. Eles sabiam que a tempestade pararia se jogassem Jonas para fora do barco, como ele próprio lhes havia dito, mas por pena dele, eles não conseguiam fazê-lo. Enfim, eles sofreram até criarem coragem de jogar Jonas no mar.

Tomando esse exemplo como lição, quando demonstramos nossa misericórdia, devemos ser sábios. Precisamos entender que, se ajudarmos aqueles que estão em dificuldade por causa do castigo de Deus, cairemos nas mesmas dificuldades.

Também, em um caso diferente, a pessoa é saudável, mas não está trabalhando porque é preguiçosa, não é certo ajudá-la. E é o mesmo com aqueles que pedem ajuda sempre, embora possam trabalhar.

Ajudar pessoas assim é fazer delas mais preguiçosas e menos capazes. Se tivermos o tipo de misericórdia que não está certa aos olhos de Deus, essa nossa atitude bloqueará o caminho entre as bênçãos e nós.

Assim, não devemos simplesmente sair ajudando todo mundo em dificuldade. Devemos discernir cada caso, para que não tragamos dificuldades para nossas próprias vidas, ao ajudarmos os outros.

Seja Misericordioso Com Não-Crentes

Aqui, uma coisa importante é que devemos ser misericordiosos, não apenas com nossos irmãos na fé, mas também com não-crentes.

A maioria das pessoas quer ser amiga de quem é rico e famoso, desprezando e evitando qualquer proximidade a pessoas que falharam em sua caminhada na vida. Podem até ajudar tais pessoas duas ou três vezes por causa de amizades anteriores; mas a ajuda não continua. Contudo, não devemos desprezar ou menosprezar ninguém. Temos de considerar os outros melhores do que nós e tratar a todos com amor.

Existem algumas pessoas, cujos corações são realmente misericordiosos e que se importam com as dificuldades das outras pessoas; mas também existem pessoas que ajudam os outros relutantemente, só por causa dos olhos das outras pessoas. Deus vê o interior do coração dos homens. Ele diz que misericórdia é ajudar com amor verdadeiro, e vai abençoar aqueles que tiverem misericórdia verdadeira.

Bênçãos aos Misericordiosos

Quais são as bênçãos de Deus que são dadas aos que são misericordiosos? Mateus 5:7 diz: *"Bem-aventurados os misericordiosos, pois obterão misericórdia."*

Se pudermos perdoar e ser misericordiosos até mesmo com aqueles que nos fazem sofrer ou nos trazem prejuízos ou danos, Deus terá misericórdia para conosco e nos dará chances para sermos perdoados, mesmo quando prejudicarmos os outros sem querer.

A Oração do Senhor diz: *"Perdoa as nossas dívidas, assim como perdoamos aos nossos devedores"* (Mateus 6:12). Nós abrimos o caminho para receber a misericórdia de Deus, ao sermos misericordiosos para com os outros.

Nos tempos da igreja primitiva, havia um discípulo chamado Timóteo (Atos 9:36-42). Os crentes de Jerusalém se espalharam para diversos lugares por causa das severas perseguições que sofreram. Alguns deles passaram a viver em uma cidade chamada Joppa, que veio a se tornar um dos centros de cristãos e onde vivia Tabita. Ela ajudava os pobres e necessitados. Contudo, um dia ela adoeceu e morreu.

Aqueles que já tinham sido ajudados por ela mandaram pessoas a Pedro para pedir-lhe que a ressuscitasse. Mostraram todas as túnicas e roupas que ela costumava fazer, enquanto ela estava com eles, falando sobre todas as coisas boas que ela tinha feito.

No fim, ela teve a maravilhosa experiência de ser ressuscitada pelo poder de Deus, através da oração de Pedro, e recebeu a bênção de ter seu tempo de vida estendido pela misericórdia de Deus.

Quando temos misericórdia dos pobres e doentes, Deus nos dá a bênção de sermos saudáveis e confortáveis financeiramente.

Devido à pobreza e doenças das quais eu não me via livre, minha juventude foi bastante conturbada. Contudo, com as coisas por que passei, agora posso entender o coração dos que sofrem.

Há mais de 30 anos, desde que fui curado de todas as doenças que tinha, pelo poder de Deus, tenho tido uma vida livre de doenças, sem nenhum tipo de enfermidade. Entretanto, não posso perder a compaixão e amor que tenho por aqueles que sofrem de enfermidades e miséria, e aqueles que são negligenciados e abandonados.

Assim, não apenas por eu fundar essa igreja, mas também depois de abri-la, eu sempre quis dar uma ajuda aos necessitados. Eu não pensava: "vou ajudá-los, quando eu for rico." Simplesmente ajudava as pessoas, quer fossem as quantias altas ou baixas.

Deus se alegrou com essas obras e me abençoou tanto que hoje posso oferecer-lhe uma missão mundial, realizando o Seu reino. Como eu plantei a semente da misericórdia nos outros, Deus fez com que eu colhesse em abundância.

Se formos misericordiosos para com os outros, Deus também nos perdoará nossas iniquidades. Ele nos encherá, para que não nos falte nada, e transformará fraqueza em saúde. Essa é a misericórdia que podemos receber de Deus, quando somos misericordiosos para com as outras pessoas.

João 13:34 diz: *"Um novo mandamento lhes dou: Amem-se uns aos outros. Como eu os amei, vocês devem amar-se uns aos outros."* Como lemos, podemos dar conforto e vida a muitas pessoas com o aroma da misericórdia, para que possamos desfrutar de vida em abundância, com bênçãos de Deus.

—— ⨕⨖ ——

Bem-aventurados Os Puros De Coração, Pois Verão a Deus

Mateus 5:8

"Bem-aventurados os puros de coração, pois verão a Deus."

"A primeira coisa que senti quando aterrissei na lua foi a criação de Deus e a gloriosa presença de Deus." Essa foi a proclamação feita por James Irwin, que foi à lua no Apollo 15, em 1971, que se tornou uma citação bastante famosa e tocou muitas pessoas ao redor do globo. Certa vez, quando ele dava uma palestra na Hungria, um estudante lhe perguntou: "Nenhum dos astronautas da União Soviética disse que viu Deus no universo. Por que você diz que viu Deus no universo e louvou a Sua glória?"

A resposta de Irwin foi tão clara que ninguém refutou. "Os puros podem ver a Deus!" Ele ficou na lua por 18 horas e dizem que ele recitou o Salmo 8 ao ver a terra e o universo que Deus criou.

"SENHOR, Senhor nosso,
como é majestoso o teu nome em toda a terra!
Tu, cuja glória é cantada nos céus.
Dos lábios das crianças e dos recém-nascidos
firmaste o teu nome como fortaleza,
por causa dos teus adversários,
para silenciar o inimigo que busca vingança.
Quando contemplo os teus céus,
obra dos teus dedos,
a lua e as estrelas que ali firmaste...
SENHOR, Senhor nosso,
como é majestoso o teu nome em toda a terra!"

Os Puros de Coração diante de Deus

'Puro' significa não misturado, ou livre de pó, poeira, sujeira ou qualquer outro fator contaminador. Na Bíblia, 'puro' quer dizer que temos de agir de maneira santa, não só no exterior com conhecimento e educação, mas também no interior, com um coração santo.

Em Mateus 15, quando Jesus estava ministrando na Galileia, escribas e fariseus vieram de Jerusalém.

Os escribas e fariseus eram aqueles que ensinavam profissionalmente a Lei às pessoas e a cumpriam estritamente. Eles também mantinham as tradições dos anciãos, que eram regulamentos detalhados de como cumprir a Lei. Essas tradições têm sido passadas de geração a geração.

Por praticarem muito o autocontrole e viverem vidas ascéticas, achavam que eram santos. Contudo, seus corações estavam cheios de maldade; e quando se sentiram ofendidos pelas palavras de Jesus, tentaram matá-Lo.

Uma das tradições dos anciãos exercida pelos escribas e fariseus dizia que era impuro comer sem lavar as mãos.

Ao verem os discípulos de Jesus comendo sem lavar as mãos, em objeção, fizeram uma pergunta a Jesus.

Eles perguntaram a Jesus: *"Por que os Seus discípulos quebram a tradição dos anciãos?"* (v. 2) Então Jesus disse: *"O que entra pela boca não torna o homem 'impuro'; mas o que sai de sua boca, isto o torna 'impuro'"* (Mateus 15:11).

"Mas as coisas que saem da boca vêm do coração, e são essas que tornam o homem 'impuro'. Pois do coração saem os maus pensamentos, os homicídios, os adultérios, as imoralidades sexuais, os roubos, os falsos testemunhos e as calúnias. Essas coisas tornam o homem 'impuro'; mas o comer sem lavar as mãos não o torna 'impuro'" (Mateus 15:18-20).

Jesus também os repreendeu, dizendo que eles eram sepulcros caiados (Mateus 23:27). Em Israel as cavernas serviam de tumbas, cujas entradas eram geralmente pintadas de branco.

Contudo, uma tumba ou sepulcro é lugar de cadáver e, por mais que a decoremos, seu interior estará cheio de coisas em decomposição e cheirando mal. Jesus comparou os escribas e fariseus a sepulcros caiados, pois eles eram santos por fora, mas seus corações eram cheios de pecados e maldades.

Deus quer que sejamos lindos não somente por fora, mas também no coração. É por isso que quando ungiu Davi, um pastor, como rei de Israel, Ele disse: *"O SENHOR não vê como o homem: o homem vê a aparência, mas o SENHOR vê o coração"* (1 Samuel 16:7).

Quão Puro é o Meu Coração?

Quando pregamos o evangelho, algumas pessoas dizem: "não fiz mal a ninguém e vivi uma vida boa. Logo, posso ir para o céu." Elas querem dizer que podem ir para o céu mesmo sem crer em Jesus. O que importa é que elas têm bons corações e não cometeram pecados.

Todavia, Romanos 3:10 diz: Como está escrito: *"Não há nenhum justo, nem um sequer."* Não importa o quão justo ou bom alguém pense ser; se ele refletir a palavra de Deus, ele verá o tanto de iniquidades e pecados que tem. Entretanto, algumas pessoas dizem que não têm pecado algum por nunca terem prejudicado ninguém ou nunca terem infringido a lei.

Por exemplo, mesmo odiando alguém, essas pessoas acham que não têm pecado, já que não prejudicaram a pessoa a quem odeiam fisicamente. No entanto, Deus diz que ter uma mente má no coração é pecado também.

Ele diz: *"Quem odeia seu irmão é assassino, e vocês sabem que nenhum assassino tem a vida eterna em si mesmo"* (1 João 3:15), e *"Mas eu lhes digo: Qualquer que olhar para uma mulher para desejá-la, já cometeu adultério com ela no seu coração"* (Mateus 5:28).

Mesmo sem ser visto na prática, se alguém tem ódio, mente adúltera, desejos egoístas, arrogância, falsidade, ciúmes e raiva em seu coração, seu coração não é puro. Aqueles que são puros de coração não colocam seu interesse em coisas insignificantes, mas seguem estritamente o único caminho com um coração constante.

As Obras de Rute, uma Mulher de Coração Puro

Rute era uma mulher gentia que ficou viúva ainda jovem, sem ter nenhum filho. Ela não abandonou sua sogra, mas ficou com ela mesmo em tempos difíceis. Sua sogra não tinha ninguém em quem pudesse confiar; mas, ainda assim, por amor a Rute, ela lhe falou para voltar para a sua própria família. Rute, todavia, não podia deixar sua sogra sozinha.

> *Rute, porém, respondeu: "Não insistas comigo que te deixe e que não mais te acompanhe. Aonde fores irei, onde ficares ficarei! O teu povo será o meu povo e o teu Deus será o meu Deus! Onde morreres morrerei, e ali serei sepultada. Que o SENHOR me castigue com todo o rigor, se outra coisa que não a morte me separar de ti!"* (Rute 1:16-17)

Essa confissão de Rute contém seu forte amor e vontade de servir a sua sogra por toda a vida. A terra natal de sua sogra era em Israel, lugar totalmente desconhecido por Rute e onde elas não teriam casa nem nada mais.

Entretanto, Rute não pensou nas circunstâncias, mas simplesmente escolheu servir sua sogra, que estava sozinha. Rute nunca se arrependeu de sua escolha e serviu sua sogra com um coração constante.

Por Rute ter um coração tão puro, ela pôde se sacrificar com alegria e servir a sua sogra sem vacilar. Como resultado, ela conheceu um homem rico chamado Boaz, que também era um homem bom, segundo os costumes de Israel, e tiveram uma família feliz. Ela veio a ser bisavó de Davi e o seu nome entrou na genealogia de Jesus.

Bênçãos para os Puros de Coração

Que tipos de bênçãos os puros de coração receberão? Mateus 5:8 diz: *"Bem-aventurados os puros de coração, pois verão a Deus."*

É sempre bom estar com aquelas pessoas que nos são queridas. Deus é o Pai do nosso espírito e Ele nos ama mais do que nós mesmos. Se pudermos vê-Lo face a face e estar ao Seu lado, a felicidade que sentiremos não poderá ser comparada a nada.

Alguns podem se perguntar: "Como pode um homem ver a Deus?" Juízes 13:22 diz: *"Sem dúvida, vamos morrer!" disse ele à mulher, "pois vimos a Deus!"*

João 1:28 diz: *"Ninguém jamais viu a Deus."* Em diversas partes da Bíblia podemos achar pessoas que não eram para ver a Deus e se O vissem morreriam.

No entanto, Êxodo 33:11 diz: *"O SENHOR falava com Moisés face a face, como quem fala com seu amigo."* Quando os israelitas chegaram ao Monte Sinai, depois do Êxodo, Deus desceu. Eles, com medo de morrer, não conseguiram se aproximar Dele, mas Moisés pôde ver Deus (Êxodo 20:18-19).

Gênesis 5:21-24 nos diz que Enoque andava com Deus.

"Aos 65 anos, Enoque gerou Matusalém. Depois que gerou Matusalém, Enoque andou com Deus 300 anos e gerou outros filhos e filhas. Viveu ao todo 365 anos. Enoque andou com Deus; e já não foi encontrado, pois Deus o havia arrebatado."

Andar com Deus não quer dizer que Deus desceu do céu à terra e andou com Enoque. Significa que Enoque sempre se comunicou com Deus e Deus tomou controle de todas as coisas na vida dele.

Algo que precisamos saber aqui é que 'andar junto' e 'estar junto' são coisas completamente diferentes. 'Deus estar junto' significa que Ele nos guarda com Seus anjos.

Quando tentamos viver pela palavra, Deus nos protege, mas Ele só pode andar conosco, quando somos completamente santificados. Portanto, diante do fato de que Enoque andou com Deus por trezentos anos, podemos ver o quanto Enoque era amado por Ele.

A Bênção de Ver a Deus

Então, por que alguns homens não conseguem ver a Deus, enquanto outros O veem face a face e até andam com Ele?

3 João 1:11 diz, *"Amado, não imite o que é mau, mas sim o que é bom. Aquele que faz o bem é de Deus; aquele que faz o mal não viu a Deus."* Como dito, aqueles que são puros de

coração podem ver a Deus, mas aqueles cujos corações são sujos de maldade não podem vê-Lo.

Podemos ver isso no caso de Estêvão, que se tornou um mártir por pregar o evangelho na época da igreja primitiva. Em Atos, capítulo 7, podemos ver que Estêvão vinha pregando o evangelho de Jesus Cristo e estava orando até pelos que o apedrejavam. Isso quer dizer que ele estava puro e sem pecados no coração. É por isso que ele pôde ver o Senhor em pé, à direita de Deus.

Aqueles que podem ver a Deus são puros de coração e poderão ir para melhores lugares no céu, no terceiro reino ou mais alto. Eles poderão ver o Senhor e Deus de perto e desfrutar de felicidade eterna.

Aqueles, todavia, que forem para o primeiro e segundo reinos dos céus não poderão ver o Senhor de perto, ainda que queiram, pois as luzes espirituais que eles irradiam e as moradias celestiais variam de acordo com os níveis de santificação.

Como Se Tornar Puro de Coração

O Deus santo e perfeito quer que sejamos perfeitos e puros, não apenas em obras, mas também no coração, livrando-nos até dos pecados mais escondidos. É por isso que Ele diz: *"Sejam santos porque Eu sou santo"* (1 Pedro 1:16), e *"A vontade de Deus é que vocês sejam santificados: abstenham-se da imoralidade sexual"* (1 Tessalonicenses 4:3).

Agora, o que temos de fazer para termos o coração puro que Deus requer de nós, para que alcancemos a santidade?

Aqueles que se irritam facilmente precisam se livrar da raiva, ira e ser mansos. Aqueles que são arrogantes devem se despojar da arrogância e se humilhar. Aqueles que odeiam os outros devem mudar e conseguir amar seus inimigos. Nós simplesmente temos de nos despojar de todas as formas de maldade e lutar contra os pecados, a ponto de derramar sangue (Hebreus 12:4).

À medida que nos livramos da maldade do nosso coração, ouvimos a palavra de Deus, praticamo-la, enchemo-nos da verdade e purificamos o nosso coração. De nada valerá se você ouvir a palavra e não praticá-la. Suponha que suas roupas estejam sujas e você simplesmente diga: "Oh, tenho de lavá-las", mas as deixa onde estão.

Portanto, se identificamos as coisas imundas em nosso coração através da palavra de Deus, temos de fazer de tudo para nos despojar delas. Obviamente, a pureza do coração não pode ser completamente alcançada com a mera força ou força de vontade do homem. Podemos entender isso com a confissão do apóstolo Paulo.

"No íntimo do meu ser tenho prazer na Lei de Deus; mas vejo outra lei atuando nos membros do meu corpo, guerreando contra a lei da minha mente, tornando-me prisioneiro da lei do pecado que atua em meus membros. Miserável homem que eu sou! Quem me libertará do corpo sujeito a esta morte?" (Romanos

7:22-24)

Aqui, 'íntimo do ser' se refere ao coração original dado por Deus, que é o coração da verdade que se regozija na lei de Deus e O busca. Por outro lado, existe também o coração da inverdade que deseja pecar. Assim, não conseguimos nos ver livres dos pecados só com o nosso próprio esforço.

Por exemplo, podemos ver isso em pessoas que não conseguem parar de beber ou fumar com facilidade. Eles sabem que fumar ou beber álcool demais faz mal, mas não param. Fazem os votos de ano novo e tentam parar, mas não conseguem.

Sabem que aquilo as prejudica, mas porque gostam de fumar e/ou beber, não conseguem abandonar o vício. Entretanto, se eles receberam a força de Deus, eles podem parar de uma só vez.

É o mesmo com os pecados e maldade no nosso coração. 1 Timóteo 4:5 diz: *"pois é santificado pela palavra de Deus e pela oração."* Como dito, quando entendemos a verdade através da palavra de Deus e recebemos Sua graça, força e a ajuda do Espírito Santo, através de fervorosas orações, podemos nos ver livres de tais coisas.

Para isso, precisamos é do nosso esforço e força de vontade para praticarmos a palavra de Deus. Não devemos parar depois de praticar a palavra algumas vezes. Se orarmos e às vezes jejuarmos até finalmente mudarmos, poderemos realmente nos despojar de todos os nossos pecados e ter corações puros.

Os Puros de Coração Recebem Respostas e Bênçãos

As bênçãos daqueles que são puros de coração não são apenas ver a Deus Pai. Eles podem receber as respostas aos desejos de seus corações através de orações, e podem encontrar e ter experiências com Deus em suas vidas.

Jeremias 29:12-13 diz: *"Então, vocês clamarão a mim, virão orar a mim, e eu os ouvirei. Vocês me procurarão e me acharão, quando me procurarem de todo o coração."* Eles receberão as respostas de Deus através de intensas orações para que tenham vários testemunhos em suas vidas.

Mas, de vez em quando, vemos recém-convertidos, que acabaram de aceitar Jesus Cristo e ainda não vivem direito na verdade, recebendo respostas de oração. Embora seus corações não estejam completamente puros, eles estão conhecendo e tendo experiências com o Deus vivo.

É como no caso em que criancinhas fazem algo muito bonitinho e os pais lhes dão o que querem. Apesar de esses recém-convertidos não terem corações totalmente puros ainda, se eles agradam a Deus de acordo com a medida de sua fé, eles podem receber respostas a diversas orações.

Depois que conheci Deus, fui curado de todas as minhas doenças, recuperei a saúde e estava procurando emprego. Tive propostas muito boas, mas se não tivesse como guardar o Dia do Senhor, eu não aceitava. Fiz de tudo para seguir o caminho certo com um coração puro diante de Deus.

Deus se alegrou com esse tipo de coração e me guiou a ter uma pequena livraria. Ela estava indo bem e eu planejava mudar-me para um lugar maior. Ouvi falar sobre um lugar que preenchia o que estava procurando.

Quando fui lá, o dono da loja não queria assinar o contrato comigo, porque seus negócios não estavam indo bem e a minha loja estava. Tive de desistir, mas quando olhei para a situação do ponto de vista dele, senti muito por aquilo e orei, do fundo do meu coração, para que ele fosse abençoado.

Um tempo depois soube que uma grande livraria ia abrir em frente àquela loja. Se eu tivesse ido para lá, não teria como eu competir com uma livraria daquele tamanho na minha frente. Deus, que sabe de todas as coisas, trabalhou para o bem de todas as coisas e evitou que aquele contrato fosse feito.

Mais tarde, mudei para uma outra loja. Não aceitava nenhum estudante desordeiro. Fumar e beber licor era proibido lá. Aos domingos, que eram os dias em que apareciam mais clientes, eu fechava a loja para guardar o dia do Senhor. Aos olhos humanos, aquilo jamais daria certo. Contudo, o que aconteceu foi que o número de clientes e vendas só aumentou. Assim, todos tiveram de reconhecer que aquilo era bênção de Deus.

Por falar nisso, na nossa vida cristã também podemos receber o dom de falar outras línguas ou outros dons do Espírito. Isso é parcialmente a bênção de "ver a Deus."

"...a outro, fé, pelo mesmo Espírito; a outro, dons de curar, pelo único Espírito; a outro, poder para operar milagres; a outro, profecia; a outro, discernimento de espíritos; a outro, variedade de línguas; e ainda a outro, interpretação de línguas. Todas essas coisas, porém, são realizadas pelo mesmo e único Espírito, e ele as distribui individualmente, a cada um, como quer" (1 Coríntios 12:9-11).

O que precisamos lembrar é que se verdadeiramente amamos a Deus, não devemos nos satisfazer com a fé de uma criança. Precisamos fazer de tudo para nos livrar de todas as maldades de nosso coração e nos santificar rapidamente, para que amadureçamos na fé e entendamos o coração de Deus.

2 Coríntios 7:1 diz: *"Amados, visto que temos essas promessas, purifiquemo-nos de tudo o que contamina o corpo e o espírito, aperfeiçoando a santidade no temor de Deus."* Como dito, que possamos nos despojar de tudo aquilo que contamina o coração e alcancemos a santidade em nós.

Espero que sejamos prósperos em todas as coisas e recebamos tudo aquilo que pedirmos, sendo como árvores que não secam, plantadas perto de águas, e produzem abundância de frutos, mesmo em tempos de seca. Também espero que possamos ver a Deus face a face no eterno reino celestial.

Capítulo 7
A Sétima Bênção

—⚬⚬⚬—

Bem-aventurados Os Pacificadores, Pois Serão Chamados Filhos De Deus

Mateus 5:9

"Bem-aventurados os pacificadores,
pois serão chamados filhos de Deus."

Quando dois países compartilham a mesma linha de fronteira, eles podem ter conflitos ou até mesmo guerras em que cada um luta em busca de seus próprios benefícios ou vantagens. Mas existem dois países que compartilham a mesma fronteira e estão em paz por muito tempo. São eles Argentina e Chile. Há muito tempo eles tiveram uma crise e quase entraram em guerra por causa dos conflitos pela fronteira. Então, os líderes religiosos dos dois países imploraram ao povo, dizendo que o amor era o único caminho para manter a paz entre aquelas duas nações. O povo aceitou suas palavras, escolheu a paz e fez um poste com um versículo bíblico de Efésios 2:14: *"Pois ele é a nossa paz, o qual de ambos fez um e destruiu a barreira, o muro de inimizade."*

Paz entre nações é um bom relacionamento entre elas e entre as pessoas. O coração deve estar confortável nas duas partes. Entretanto, o significado espiritual de paz com Deus é um pouco diferente. É sacrificar a nós mesmos em favor dos outros e servi-los. É nos humilharmos e exaltar os outros. É não nos comportarmos deseducadamente. Mesmo quando estamos certos, conseguimos seguir a opinião da outra pessoa, a menos que ela seja inverdade.

É buscar o bem do outro e não insistir em nossas opiniões pessoais, mas considerar os outros primeiro. É seguir as opiniões dos outros e não ter parcialidade, sendo mutuamente compatíveis aos dois lados de um problema em determinada situação. Para sermos pacificadores, precisamos sacrificar a nós mesmos. Logo, o significado espiritual de paz é auto-sacrifício a ponto de entregarmos nossa própria vida.

Jesus Trouxe Paz Sacrificando a Si Mesmo

Quando Deus criou o primeiro homem, Adão, ele era um espírito vivente. Adão desfrutava da autoridade de governar sobre todas as coisas, mas quando o pecado veio sobre ele, ao comer o fruto proibido, Adão e todos os seus descendentes tornaram-se pecadores. Agora havia um muro de pecado entre o homem e Deus.

Como dito em Colossenses 1:21: *"Antes vocês estavam separados de Deus e, na mente de vocês, eram inimigos por causa do mau procedimento de vocês"*, o homem foi alienado de Deus por causa dos pecados.

A humanidade se tornou pecadora desde Adão, e Jesus, o Filho de Deus, foi o sacrifício por nós. Ele morreu na cruz para destruir o muro de pecado entre Deus e os homens e trouxe a paz.

Alguém pode perguntar: "Por que toda a humanidade se tornou pecadora por causa do pecado de Adão, uma única pessoa?" É de certa forma parecido como há muito tempo, na época dos escravos. Se você se tornasse um escravo, todos os seus descendentes também nasceriam escravos.

Romanos 6:16 diz: *"Não sabem que, quando vocês se oferecem a alguém para lhe obedecer como escravos, tornam-*

se escravos daquele a quem obedecem: escravos do pecado que leva à morte, ou da obediência que leva à justiça?" Por Adão ter obedecido ao diabo e cometido pecado, todos depois dele se tornaram pecadores.

Para trazer paz entre Deus e a humanidade, que se tornara pecadora, Jesus, que nunca pecou, foi crucificado. Colossenses 1:20 diz: *"e por meio dele reconciliasse consigo todas as coisas, tanto as que estão na terra quanto as que estão nos céus, estabelecendo a paz pelo seu sangue derramado na cruz."* Jesus foi o sacrifício definitivo pelo perdão dos nossos pecados e trouxe paz entre Deus e os homens.

Você é um Pacificador?

Assim como Jesus desceu à terra em forma humana e se tornou um pacificador, Deus quer que nós também tenhamos paz. É claro que, quando cremos em Deus e aprendemos a verdade, geralmente não quebramos a paz de propósito. Contudo, se ainda tivermos nossa própria justiça e acharmos que nós é que estamos sempre certos, poderemos quebrar a paz sem perceber.

Podemos saber se somos esse tipo de pessoa, examinando se fazemos tudo de acordo com os outros ou se tentamos fazer com que tudo seja como nós queremos que seja. Por exemplo, entre marido e mulher, suponha que a mulher não gosta de comida salgada, enquanto o marido gosta.

A mulher diz ao marido que comida salgada não faz bem para

a saúde, mas ele continua gostando de comida salgada. Assim, a mulher não entende o marido e, do ponto de vista do marido, ele não consegue mudar de gosto tão rápido assim.

Aqui, se a mulher ficar insistindo para seu marido seguir seu conselho, porque ela está certa, uma discussão poderá começar. Portanto, para termos paz, devemos considerar os outros, ajudá-los a entender as coisas e mudar aos poucos para melhor.

Semelhantemente, quando olhamos ao nosso redor, podemos facilmente ver que a paz pode ser quebrada por causa de pequenas coisas. É por causa da nossa justiça própria, que nos faz pensar que estamos sempre certos.

Sendo assim, devemos olhar para nós mesmos e ver se estamos buscando os nossos próprios interesses antes dos outros, ou se tentamos insistir em nossas opiniões, porque estamos certos e falando a verdade, ainda que a outra pessoa esteja sofrendo. Além disso, devemos checar também se queremos que os nossos subordinados nos obedeçam incondicionalmente, só porque somos mais velhos ou estamos em uma posição maior.

Então, podemos ver se somos realmente pessoas pacificadoras. Em geral, é fácil ter paz com aqueles que são simpáticos conosco. Deus nos diz para termos paz com todos os homens e sermos santos.

"Esforcem-se para viver em paz com todos e para serem santos; sem santidade, ninguém verá o Senhor"

(Hebreus 12:14).

Devemos ser capazes de ter paz até com quem não gosta de nós, nos odeia ou nos traz dificuldades. Embora pareça que estamos completamente certos, se a outra pessoa está sofrendo ou está desconfortável por nossa causa, então a situação não está certa aos olhos de Deus. Como, pois, podemos ter paz com todos os homens?

Tenha Paz com Deus

Primeiro, tenha paz com Deus.

Isaías 59:1-2 diz: *"Vejam! O braço do SENHOR não está tão encolhido que não possa salvar, e o seu ouvido tão surdo que não possa ouvir. Mas as suas maldades separaram vocês do seu Deus; os seus pecados esconderam de vocês o rosto dele, e por isso ele não os ouvirá."* Quando pecamos, um muro de pecado nos bloqueia de Deus.

Portanto, ter paz com Deus é não ter muro de pecado nenhum entre nós e Ele.

Quando aceitamos Jesus Cristo, somos perdoados de todos os nossos pecados cometidos até o momento (Efésios 1:7). Assim, o muro de pecados entre nós e Deus é destruído e a paz é estabelecida.

Contudo, precisamos ter em mente que, se continuarmos

pecando depois de ter nossos pecados perdoados, o muro de pecados é levantado novamente.

Podemos entender na Bíblia que muitos tipos de problemas são causados pelo pecado. Quando Jesus curou um paralítico em Mateus, capítulo 9, Ele primeiro perdoou o seu pecado. Depois que Ele curou um homem que havia estado doente por 38 anos, Ele disse em João 5:14: *"Mais tarde Jesus o encontrou no templo e lhe disse: Olhe, você está curado. Não volte a pecar, para que algo pior não lhe aconteça."*

Portanto, quando nos arrependemos de nossos pecados, mudamos de atitude e vivemos pela palavra de Deus, podemos ter paz com Ele e receber bênçãos como Seus filhos. Se tivermos uma doença, seremos curados e seremos saudáveis. Se tivermos passando por dificuldades financeiras, o problema irá embora e seremos ricos. Dessa forma, receberemos respostas aos desejos do nosso coração.

Tenha Paz Consigo Mesmo

Se tivermos ódio, inveja, ciúmes e outros tipos de maldade dentro do nosso coração, eles serão alimentados de acordo com a situação. Logo, sofreremos por causa deles e não conseguiremos ter paz.

Há um ditado coreano que diz: "Quando o seu primo compra uma terra, você fica com dor de barriga." Esse ditado fala da inveja. A pessoa sofre por causa da inveja ao não gostar de situações em que os outros estão se dando bem. Semelhantemente, se tivermos inveja, ciúmes, arrogância, sentimento de discussão, mente adúltera e outras formas de maldade em nosso coração, não conseguiremos ter paz. Além disso, o Espírito Santo em nós gemerá, e o nosso coração então se sentirá angustiado.

Assim sendo, para termos paz com nós mesmos, precisamos nos despojar da maldade em nosso coração e seguir os desejos do Espírito.

Quando aceitamos Jesus Cristo e temos paz com Deus, Deus nos dá o dom do Espírito Santo em nosso coração (Atos 2:38).

O Espírito Santo, o coração de Deus, nos permite chamar Deus de "Pai", e nós, como filhos de Deus, podemos viver pela palavra, sendo guiados pelo Espírito. É Ele quem nos faz entender sobre o pecado, a justiça e o juízo.

Quando praticamos a palavra de Deus e seguimos os desejos do Espírito com a própria ajuda Dele, Ele se regozija em nosso coração. Assim, podemos ter conforto no coração e ter paz com nós mesmos.

Além do mais, quando nos livramos completamente da maldade do nosso coração, paramos de ter lutas contra os pecados, tendo total paz com nós mesmos. Só depois de termos essa paz interior é que podemos ter paz com os outros também.

Tem Paz com os Homens

Às vezes, podemos ver pessoas que têm fervor e paixão com os deveres que receberam de Deus. Elas amam a Deus e se devotam, mas não têm paz com seus irmãos na fé.

Se elas acham que isso é benéfico para o reino de Deus, elas não ouvem as opiniões dos outros, mas simplesmente continuam a fazer seu trabalho apaixonadamente. Então haverá pessoas que estarão com sentimentos de oposição em relação a elas.

Nessa situação, aqueles que não têm paz com os outros acharão que esse é o preço que têm de pagar para realizar algo para o reino de Deus. Eles não querem saber se existem pessoas com opiniões diferentes e contrárias, ou se fizeram com que outras pessoas tivessem sentimentos desconfortáveis.

Contudo, aqueles com bondade no coração consideram o coração de todos envolvidos, para que assim tenham paz e abracem os outros. Desta forma, muitas pessoas vão até eles.

A bondade é o coração de verdade que segue a bondade em verdade. É ser gentil e generoso e é considerar os outros melhores do que nós mesmos, se importando com eles (Filipenses 2:3-5).

Mateus 12:19-20 diz: *"Não discutirá nem gritará; ninguém ouvirá sua voz nas ruas. Não quebrará o caniço rachado, não apagará o pavio fumegante, até que leve à vitória a justiça."*

Se tivermos esse tipo de bondade, não discutiremos com os outros. Não tentaremos nos gabar ou nos exaltar. Amaremos até aqueles que são fracos como um caniço rachado ou maus como pavios fumegantes. Abraçaremos a essas pessoas, desejando o melhor para elas.

Por exemplo, suponha que o filho mais velho esteja comprando presentes muito bons para seus pais porque os ama. Contudo, se ele criticar os seus irmãos que não podem fazer o mesmo, como seus pais se sentirão? Provavelmente, prefeririam que seus filhos tivessem paz e amor entre si a receberem presentes bons e caros.

Da mesma forma, Deus prefere que entendamos e reflitamos o Seu coração a que realizemos o Seu reino grandemente. A menos que seja absoluta inverdade, devemos ser compreensíveis com aqueles de fé fraca, a fim de seguirmos a paz.

Durante toda a minha jornada de pastoreio nessa igreja, nunca tive nenhum sentimento desconfortável contra pastores ou obreiros que não produziram os frutos adequados. Sempre olhei para eles com fé e perseverança, até que eles recebessem mais força de Deus e cumprissem bem seus deveres.

Se eu simplesmente insistisse em meu ponto de vista, eu poderia tê-los aconselhado dizendo algo como: "Por que você não faz outra coisa, recebe mais poder no ano que vem e então volte para esse trabalho depois?"

Mas, temendo que alguns pudessem se machucar, não fiz aquilo. Quando temos a bondade, para não quebrarmos o caniço rachado ou apagarmos o pavio fumegante, podemos ter paz com todos os homens.

Paz Através do Nosso Sacrifício

João 12:24 diz: *"Digo-lhes verdadeiramente que, se o grão de trigo não cair na terra e não morrer, continuará ele só. Mas se morrer, dará muito fruto."* Como lemos, quando sacrificamos a nós mesmos completamente em todas as áreas da nossa vida, podemos ter paz e produzir frutos em abundância. Em outras palavras, quando a semente cai no chão e morre, ela pode brotar e produzir muitos frutos.

O que Jesus fez? Ele Se sacrificou completamente. Ele foi crucificado em favor dos homens, todos pecadores. Ele abriu o caminho da salvação e reconquistou um número incalculável de filhos de Deus.

Da mesma maneira, quando nos sacrificamos primeiro, quando servimos os outros em todas as áreas da nossa vida, seja na família, local de trabalho ou igreja, podemos então produzir o lindo fruto da paz.

As pessoas têm medidas diferentes de fé (Romanos 12:3) e diferentes opiniões e ideias. O nível de educação, as personalidades e as circunstâncias, em que cada um é criado, são sempre diferentes. Assim, todos têm padrões diferentes sobre as coisas de que gostam e sobre o que pensam ser certo.

Todo mundo tem um padrão diferente e, assim, se cada um insistir naquilo que quer, jamais poderemos ter paz. Ainda que estejamos certos, e mesmo que tenhamos algum desconforto por causa dos outros, precisamos nos sacrificar a fim de ter paz.

Suponha que duas irmãs com estilos de vida completamente diferentes dividam o mesmo quarto.

A mais velha gosta das coisas limpas, mas a mais nova não. A mais velha pede à mais nova para mudar. Quando a irmã mais nova não ouve a mais velha por algumas vezes, a mais velha se irrita e, no fim, demonstra aquele sentimento em atitudes também. Eventualmente, haverá discussão entre elas.

Aqui, obviamente, ter um quarto limpo é melhor, mas se ficarmos bravos e ofendermos os outros com nossas palavras, nossa atitude não estará certa. Mesmo que algo nos incomode, devemos esperar com amor até que a pessoa mude, para termos paz.

Havia um homem chamado Minson que tinha perdido a mãe, quando ainda muito novo. Ele tinha uma madastra, e ela tinha dois filhos.

Ela maltratava Minson; dava boa comida e boas roupas aos seus filhos, mas Minson tremia de frio com roupas feitas de junco.

Num dia frio de inverno, enquanto Minson empurrava a carroça, que o seu pai puxava, ele tremia tanto que os movimentos passaram para a carroça. Seu pai tocou nas roupas de Minson e finalmente percebeu que o seu filho estava usando roupas de junco.

"Como ela pode fazer isso?" Ele estava irado e disposto a expulsar sua nova esposa de casa. Contudo, Minson o implorou que não fizesse aquilo. "Pai, por favor, não fique bravo. Quando ela lá em casa, só um filho vai sofrer; mas se ela for expulsa, todos os três filhos sofrerão."

A madastra foi comovida por aquilo que ele disse. Ela se arrependeu de seus erros com lágrimas e a família toda ficou em paz depois daquilo.

Da mesma forma, aqueles que têm mansidão, como o algodão, e não discutem ou criam problemas com os outros, serão bem-vindos e amados em todos os lugares. Eles podem se sacrificar pelos outros, a ponto de entregar suas próprias vidas.

Abraão, o Pacificador

A maioria das pessoas quer paz em suas vidas, mas não consegue. É que elas buscam suas próprias vantagens e buscam satisfazer seus próprios interesses.

Se não buscarmos os nossos próprios interesses, pode parecer que seremos prejudicados. Contudo, aos olhos da fé, isso não é verdade. Quando seguimos a vontade de Deus e buscamos os interesses dos outros, Ele nos recompensa com Suas bênçãos e respostas.

Em Gênesis, capítulo 13, vemos Abraão e seu sobrinho Ló. Ló tinha perdido sua família ainda cedo em sua vida e seguia Abraão como se ele fosse seu próprio pai. Como resultado, ele também recebeu bênçãos, quando Abraão foi amado e abençoado por Deus. Seus bens eram substanciais. Não tinham apenas prata e ouro, mas também muitos animais de criação. Assim, a água não era suficiente para abastecer os dois e os pastores dos dois lados começaram a ter discussões.

No fim, para evitar discussões entre as famílias, Abraão decidiu separar-se de Ló e deu-lhe o direito de escolher primeiro a terra que achasse melhor.

"Aí está a terra inteira diante de você. Vamos separar-nos. Se você for para a esquerda, irei para a direita; se for para a direita, irei para a esquerda" (Gênesis 13:9).

Então, Ló escolheu o vale do Jordão, onde havia bastante água. Se olharmos o lado de Abraão, veremos que na verdade Ló foi abençoado por causa dele – ordem da família, ele era o tio e Ló era o sobrinho e, assim, ele poderia ter escolhido a melhor terra primeiro. Além disso, se Abraão tivesse dado o direito de primeira escolha a Ló, como uma mera ação, ele teria achado que a atitude de Ló fora inapropriada ou abusada.

No entanto, Abraão queria que seu sobrinho ficasse com a melhor terra, do fundo do seu coração. É por isso que ele pôde ter essa paz com ele e, como resultado, recebeu bênçãos ainda maiores de Deus.

Disse o SENHOR a Abraão, depois que Ló separou-se dele: "De onde você está, olhe para o norte, para o sul, para o leste e para o oeste: toda a terra que você está vendo darei a você e à sua descendência para sempre.

Tornarei a sua descendência tão numerosa como o pó da terra. Se for possível contar o pó da terra, também se poderá contar a sua descendência. Percorra esta terra de alto a baixo, de um lado a outro, porque eu a darei a você" (Gênesis 13:14-17).

Desde então, a riqueza e autoridade de Abraão foram tão grandes que ele passou a ser respeitado até pelos reis ao seu redor. Com esse bom coração, ele pôde até ser chamado de 'amigo de Deus.'

A pessoa que busca o bem dos outros em todas as coisas, fará tudo que os outros querem, e não o que ela quer. Se lhe baterem no lado direito do rosto, ela dará o lado esquerdo. Ela consegue dar a sua túnica e também a capa e, se alguém lhe obrigar a andar uma milha, ela anda duas (Mateus 5:39-41).

Assim como Jesus também orou por aqueles que estavam crucificando-O, essa pessoa também pode orar por seus inimigos e para que sejam abençoados. Ela consegue orar por quem a persegue. Quando sacrificamos a nós mesmos do fundo dos nossos corações e buscamos o bem dos outros, podemos ter paz.

Paz Somente na Verdade

Algo com que precisamos tomar cuidado é que há uma diferença entre ser paciente e cobrir os erros dos outros, ignorando algo vergonhoso para ter paz com eles. Ter paz não significa que nós evitamos ou aceitamos o pecado do nosso irmão. Precisamos ter paz com todos, mas dentro da verdade.

Por exemplo, membros da nossa família ou colegas de trabalho podem nos pedir para nos curvarmos a ídolos; ou pedir para bebermos álcool. Essas coisas são contrárias à palavra de Deus (Êxodo 20:4-5; Efésios 5:18) assim, temos de recusar e escolher o caminho, que é agradável a Deus.

Mas, quando fazemos isso, temos de ser sábios. Não devemos ferir os sentimentos das pessoas. Temos de ser gentis com as outras pessoas o tempo todo. Temos de ganhar o coração delas com a nossa fidelidade. Podemos persuadi-las com um coração manso e pedir a sua compreensão.

Assim é um testemunho de uma irmã na igreja. Depois que ela foi empregada, ela teve alguns problemas com alguns colegas por um tempo. Eles queriam que ela participasse de algumas excursões e encontros aos domingos, mas ela queria guardar o Dia do Senhor.

Então, os colegas e superiores dela a deixaram para lá intencionalmente. Contudo, ela não deu bola para aquilo e continuou trabalhando fielmente, e até voluntariamente, fazendo serviços de outros funcionários. Quando eles a viram exalando esse tipo de fragrância de Cristo, ficaram comovidos. Agora, seus encontros e reuniões não são aos domingos e até os casamentos são planejados para sábados, e não domingos.

A Bênção de Sermos Chamados Filhos de Deus

Mateus 5:9 diz: *"Bem-aventurados os pacificadores, pois serão chamados filhos de Deus."* Que grande bênção é ser chamado filho de Deus!

Aqui, 'filhos' não se refere apenas a homens, mas a todos os filhos de Deus. Contudo, é um pouco diferente do 'filhos' em Gálatas 3:26, que diz: *"Todos vocês são filhos de Deus mediante a fé em Cristo Jesus."* Em Gálatas, 'filhos' são simplesmente aqueles que são salvos. Mas 'filhos', no sentido de pacificadores, tem um sentido espiritual mais profundo, isto é, são os filhos verdadeiros que são reconhecidos por Deus.

Todos que aceitam Jesus Cristo e têm fé são filhos de Deus. João 1:12 diz: *"Contudo, aos que o receberam, aos que creram em seu nome, deu-lhes o direito de se tornarem filhos de Deus."* Contudo, apesar de todos nós termos sido salvos e nos tornado filhos de Deus, os crentes são diferentes uns dos outros.

Por exemplo, dentre muitos filhos, existem muitos que entendem o coração dos pais e promovem conforto aos outros, enquanto alguns os fazem sofrer.

Assim, mesmo do ponto de vista de Deus, alguns filhos se livram da maldade em seus corações rapidamente e obedecem à palavra, enquanto outros não mudam, mas só desobedecem, mesmo muito tempo depois de aceitarem a Cristo.

Aqui, quais filhos Deus consideraria melhores? Obviamente aqueles que se parecem com o Senhor, têm corações puros e obedecem à palavra. Gênesis 17:1 diz: *"Eu sou o Deus todo-poderoso; ande segundo a minha vontade e seja íntegro."* Deus quer que Seus filhos sejam perfeitos e sem manchas.

Para podermos ser chamados filhos de Deus, temos de refletir a imagem de Jesus, nosso Salvador (Romanos 8:29). Jesus, o Filho de Deus, tornou-se o pacificador, ao Se sacrificar na crucificação.

Sendo assim, quando nos assemelhamos a Jesus, sacrificando a nós mesmos e buscando a paz, podemos ser chamados filhos de Deus. Assim, podemos exercer a mesma autoridade e poder espiritual que Jesus exerceu (Mateus 10:1).

Assim como Jesus curou muitos doentes, expulsou demônios e ressuscitou mortos, se formos chamados filhos de Deus, também poderemos curar até doenças incuráveis como o câncer, a AIDS e a leucemia.

Além disso, até os paralíticos, cegos, mortos, mudos e aqueles com paralisia infantil podem ser restaurados. Seus olhos podem tornar a ver, podem voltar a andar e os mortos podem viver novamente.

O inimigo vai temer e tremer e, assim, aqueles possuídos por demônios ou poderes das trevas serão libertados (Marcos 16:17-18). Manifestações de obras de cura, transcendendo tempo e espaço, acontecerão. Obras extraordinárias também poderão acontecer por meio das coisas que possuímos, como os lenços de Paulo (Atos 19:11-12).

Não acabando por aí, assim como Jesus acalmou o vento e

as ondas, também poderemos mudar as condições do tempo (Mateus 8:26-27). Chuvas irão parar, e até o curso de um tufão poderá ser mudado por nós ou um furacão desaparecerá. Poderemos até ver arco-íris em dias de muita claridade.

Além disso tudo, se somos chamados filhos de Deus, entraremos na Nova Jerusalém, onde está o trono de Deus. Lá desfrutaremos de glória e honra como Seus filhos verdadeiros, Se tivermos fé para sermos salvos, iremos para o Paraíso, mas se nos tornarmos verdadeiros filhos de Deus, chamados Seus filhos, poderemos entrar na Nova Jerusalém, o lugar mais lindo do reino dos céus.

Qual é o tamanho da honra e glória de um príncipe que vai receber o trono? E se nos parecermos com Deus, que é o Governador de todas as coisas, e formos chamados Seus filhos, nossa honra e dignidade serão enormes! Seremos escoltados por hostes celestiais e anjos e seremos louvados por inúmeras pessoas do reino celestial para sempre.

Também desfrutaremos de tudo de bom e das grandes e magníficas casas na esplêndida Nova Jerusalém. Viveremos eternamente com uma incrível felicidade.

Logo, devemos tomar a nossa cruz e nos tornar pacificadores, com corações como o do Senhor, que sacrificou a Si mesmo, a ponto de ser crucificado, para que assim pudéssemos receber o grande amor e as bênçãos de Deus.

Capítulo 8
A Oitava Bênção

— ❧❧ —

Bem-aventurados Os Perseguidos
Por Causa Da Justiça,
Pois Deles é o Reino Dos Céus

Mateus 5:10

"Bem-aventurados os perseguidos por causa da justiça, pois deles é o Reino dos céus."

"Creia em Jesus Cristo e receba a salvação."

"Você pode ser abençoado em todas as áreas, se crer no Deus Todo Poderoso."

Frequentemente pregadores dizem que, quando cremos em Jesus Cristo, podemos receber a salvação e ser abençoados em todas as áreas de nossas vidas, podendo ser prósperos e recebendo respostas para todos os tipos de problemas.

Só na nossa igreja glorificamos a Deus com diversos testemunhos toda semana.

Entretanto, a Bíblia também nos diz que passaríamos por provações e perseguições como crentes em Jesus Cristo. A questão é que receberemos bênçãos de vida eterna e bênçãos nessa terra, à medida em que abrirmos mãos de nós mesmos e nos sacrificarmos por amor ao Senhor; mas também seremos perseguidos (Filipenses 1:29).

"Respondeu Jesus: Digo-lhes a verdade: Ninguém que tenha deixado casa, irmãos, irmãs, mãe, pai, filhos ou campos, por causa de mim e do evangelho, deixará de receber cem vezes mais, já no tempo presente, casas, irmãos, irmãs, mães, filhos e campos e, com eles, perseguição; e, na era futura, a vida eterna" (Marcos 10:29-30).

Perseguidos Por Causa da Justiça

O que 'ser perseguido por causa da justiça' quer dizer? É a perseguição que enfrentamos, quando vivemos pela palavra de Deus, seguindo a verdade, bondade e a luz.

Obviamente, não enfrentaremos perseguições se aceitarmos as coisas do mundo e não levarmos uma vida cristã adequada. 2 Timóteo 3:12 diz: *"De fato, todos os que desejam viver piedosamente em Cristo Jesus serão perseguidos."* Se seguirmos a palavra de Deus, poderemos enfrentar dificuldades ou ser perseguidos sem motivo algum.

Por exemplo, quando não críamos no Senhor, podíamos até ter o costume de beber e falar palavrões. Mas, depois que recebemos a graça de Deus, tentamos mudar para viver uma vida como servos de Deus. Assim, naturalmente, nos inclinaremos a nos distanciar dos colegas e pessoas incrédulas e, por mais que nos associemos a eles, não conseguiremos gostar das mesmas coisas como antes e eles ficarão desapontados, podendo até dizer algo contra o nosso novo comportamento.

Também no meu caso, antes de eu aceitar o Senhor, tinha muitos amigos que bebiam comigo e, quando nossos parentes se reuniam, todos bebíamos muito. Contudo, depois que eu aceitei o Senhor, eu entendi, em um culto de avivamento, a vontade de Deus ao nos dizer para não ficarmos bêbados e parei de beber imediatamente.

Parei de servir bebidas alcoólicas aos meus irmãos, parentes ou amigos e, então, eles começaram a reclamar, dizendo que eu não os estava tratando da forma que devia tratá-los.

Depois que aceitamos o Senhor, para separarmos o Dia do Senhor, às vezes não podemos ir a reuniões ou eventos de trabalho ou sociais. Numa família que não é evangelizada, podemos ainda enfrentar perseguições por não nos curvarmos a ídolos.

O Mal Odeia a Luz

Então, por que às vezes sofremos, quando cremos no Senhor? É como água e óleo- não se misturam. Deus é Luz e, aqueles que creem no Senhor e vivem na palavra, pertencem espiritualmente à luz (1 João 1:5). Mas o governador deste mundo é o diabo e Satanás, o senhor das trevas (Efésios 6:12).

Portanto, uma vez que a luz dissipa as trevas, à medida que o número de crentes, que são como a luz, aumenta, o poder do inimigo abaixa. O inimigo controla as pessoas mundanas, que lhe pertencem. Eles as incitam a perseguir os crentes, para que eles possam se desviar.

João 3:20-21 diz: *"Quem pratica o mal odeia a luz e não se aproxima da luz, temendo que as suas obras sejam manifestadas. Mas quem pratica a verdade vem para a luz, para que se veja claramente que as suas obras são realizadas por intermédio de Deus."*

Aqueles de coração bom podem ser tocados e aceitar o evangelho, ao verem os outros vivendo pela palavra de Deus em justiça. Mas, aqueles que são maus, acham tudo uma tolice, odiando e perseguindo os crentes.

Alguns tentam persuadir os crentes com sua lógica. Eles dizem: "Você precisa ser tão extremista? Existem pessoas que crescem em famílias cristãs. Algumas, inclusive, são velhas de igreja e bebem." Mas os filhos de Deus jamais devem agir com injustiça, algo que Deus abomina, só porque seus colegas, parentes ou amigos se sentirão um pouco feridos por um momento.

Deus deu o Seu único Filho por nós, pecadores. Jesus tomou sobre Si todo tipo de zombaria e perseguição e, no fim, morreu na cruz, tomando sobre Si também os nossos pecados. Se pensarmos nesse amor, não conseguiremos ceder ao mundo em troca de um conforto momentâneo, independente da perseguição.

Casos de Pessoas Perseguidas Por Causa da Justiça

Em 605AC, com a invasão de Nabucodonozor da Babilônia, Sadraque, Mesaque e Abede-Nego foram feitos cativos juntamente com Daniel. Mesmo em uma cultura estrangeira, que era concupiscente e cheia de idolatria, eles mantiveram sua fé e reverência a Deus.

Um dia, eles tiveram de enfrentar uma situação muito difícil. O rei fez uma estátua de ouro e exigiu que todas as pessoas da nação se curvassem diante dela. Qualquer que desobedecesse à ordem do rei seria lançado na fornalha de fogo ardente.

Sadraque, Mesaque e Abede-Nego poderiam muito bem ter evitado qualquer problema, simplesmente curvando-se uma vez, mas nunca o fizeram.

Afinal de contas, Êxodo 20:4-5 diz: *"Não farás para ti nenhum ídolo, nenhuma imagem de qualquer coisa no céu, na terra, ou nas águas debaixo da terra. Não te prostrarás diante deles nem lhes prestarás culto, porque eu, o SENHOR, o teu Deus, sou Deus zeloso, que castigo os filhos pelos pecados de seus pais até a terceira e quarta geração daqueles que me desprezam."*

Enfim, os três amigos de Daniel foram jogados na fornalha. Como é comovente a confissão que fizeram naquele momento!

"Se formos atirados na fornalha em chamas, o Deus a quem prestamos culto pode livrar-nos, e ele nos livrará das tuas mãos, ó rei. Mas, se ele não nos livrar, saiba, ó rei, que não prestaremos culto aos teus deuses nem adoraremos a imagem de ouro que mandaste erguer" (Daniel 3:17-18).

Mesmo numa situação de vida ou morte, eles não cederam ao mundo e guardaram sua fé. Deus viu a fé deles e os salvou da fornalha.

Sendo Perseguidos Por Causa dos Nossos Próprios Erros

Uma coisa de que precisamos nos lembrar aqui é que existem muitos casos em que as pessoas são perseguidas por causa de seus próprios erros, e não por causa da justiça, como no caso dos amigos de Daniel.

Por exemplo, há crentes que não cumprem todos os seus deveres, dizendo que estão fazendo as obras de Deus.

Se estudantes não estudarem e esposas não tomarem conta de casa, para se concentrarem nas atividades da igreja, eles serão perseguidos por familiares. A causa da perseguição, todavia, é por terem negligenciado seus estudos ou as tarefas de casa. Contudo, eles não entendem as coisas e acham que estão sendo perseguidos por fazerem a obra do Senhor.

Um crente pode não dar muito duro em seu trabalho e tentar passar suas tarefas a outra pessoa, dando desculpas de que precisa fazer coisas para a igreja. Então ele é advertido ou repreendido. Isso não é ser perseguido por causa da justiça.

1 Pedro 2:19-20 diz: *"Porque é louvável que, por motivo de sua consciência para com Deus, alguém suporte aflições sofrendo injustamente. Pois, que vantagem há em suportar açoites recebidos por terem cometido o mal? Mas se vocês suportam o sofrimento por terem feito o bem, isso é louvável diante de Deus."*

Bem-aventurados os que São Perseguidos Por Causa da Justiça

Mateus 5:10 diz: *"Bem-aventurados os perseguidos por causa da justiça, pois deles é o reino do céu."* Por que a Bíblia diz que eles são bem-aventurados? As perseguições que alguém sofre por causa de suas atitudes de maldade ou infrações à lei não podem ser bênçãos ou recompensas. Mas a perseguição por causa da justiça é uma bênção, pois aquele que a sofre pode possuir o reino dos céus.

Assim como o solo fica mais duro depois da chuva, depois de passarmos por perseguições, nosso coração fica mais firme e perfeito. Podemos identificar as inverdades que antes não sabíamos que estavam lá e nos livrarmos delas. Podemos cultivar a mansidão e a paz e refletir o coração do Senhor, amando até os nossos inimigos.

Antes, se nos acertassem em um lado do rosto, ficaríamos irados e descontaríamos. Contudo, através das perseguições, aprendemos sobre o serviço e o amor, podendo agora oferecer o outro lado do rosto, quando algo assim acontece.

Aqueles que se chateiam e reclamam, quando enfrentam dificuldades, podem fortalecer a fé através das perseguições. Depois delas eles podem ter esperança pelo reino celestial e passam a ser pessoas gratas e alegres em qualquer situação.

Deixe-me dar-lhe um exemplo real: um dos membros da igreja discutia com um colega de trabalho por causa de qualquer coisa. Aquela pessoa caluniava o crente sem razão nenhuma e suas ações eram completamente sem sensibilidade, o que fazia o crente sofrer muito.

Outras pessoas diziam que ele era um homem gentil, mas pelas coisas por que o crente tinha passado com ele, ele pôde perceber ódio em seu coração. Então ele decidiu abraçar seu colega em seu coração, já que Deus nos diz para amarmos até os nossos inimigos. Ele se lembrou do que aquele homem gostava e ocasionalmente o presenteava.

Ele também passou a orar por ele e passou a amá-lo com amor verdadeiro. O relacionamento deles passou a melhorar e ficou mais amigável do que qualquer outro no escritório.

Assim, é como o Salmo 119:71 diz: *"Foi bom para mim ter sido castigado, para que aprendesse os teus decretos."* Através do sofrimento, nós nos humilhamos mais, nos despojamos dos pecados e maldade dentro de nós e confiamos no Senhor, santificando-nos. No tempo certo, as perseguições desaparecem naturalmente.

Se somos perseguidos por causa da justiça, a nossa fé cresce. Então, somos respeitados pelas pessoas ao nosso redor e ainda recebemos bênçãos espirituais e materiais que Deus nos dá. Além do mais, quanto mais justos somos, melhores ficam sendo nossas casas no céu. Assim, isso é uma grande bênção!

Glórias e Moradias Celestiais Se Diferenciam

Então, que diferença há entre o céu para os pobres de coração e o céu para os perseguidos por causa da justiça? Na verdade, há uma grande diferença.

O primeiro céu é um céu geral, referindo-se ao lugar para onde todos os salvos poderão ir. O segundo céu, por sua vez, significa que iremos para melhores lugares no céu, à medida que procedemos com justiça.

As moradias celestiais e as recompensas no céu vão variar, dependendo do tanto que nos santificamos e nos tornamos verdadeiros filhos que Deus quer, e de acordo com o quão bem cumprimos os nossos deveres.

João 14:2 diz: *"Na casa de meu Pai há muitos aposentos; se não fosse assim, eu lhes teria dito. Vou preparar-lhes lugar."*

Depois, 1 Coríntios 15:41 também diz: *"Um é o esplendor do sol, outro o da lua e outro o das estrelas; e as estrelas diferem em esplendor umas das outras."* Podemos ver que as moradias no céu e a glória que teremos lá variarão de acordo com a justiça que atingirmos.

Os pobres de coração são aqueles que aceitaram o Senhor e ganharam o direito de entrar no reino dos céus. A partir de então, eles podem se tornar mansos e ter corações puros, chorando e se arrependendo de seus pecados e se livrando deles. Eles têm de continuar crescendo em fé, seguindo continuamente a justiça.

Em outras palavras, só aqueles que se dão conta de sua maldade, se despojam dela e se santificam através de perseguições e provações, podem entrar em lugares melhores no céu e ver a Deus Pai.

Perseguições Por Causa do Senhor

Quando chegarmos ao ponto em que alcançaremos a justiça, as perseguições desaparecerão aos poucos. À medida que a nossa fé cresce e nós nos tornamos mais perfeitos, passamos a ser mais respeitados pelas pessoas ao nosso redor e ainda podemos receber bênçãos espirituais e materiais de Deus.

Podemos ver isso acontecendo no caso dos amigos de Daniel. Eles foram perseguidos por não terem aberto mão da justiça por causa de Deus. Eles foram jogados na fornalha ardente sete vezes mais quente do que o de costume, mas Deus os protegeu e nenhum fio de seus cabelos foi queimado.

Ao ver essa obra de Deus, o rei também O glorificou, além de exaltar os três amigos.

No entanto, não significa que todas as perseguições vão embora só porque alcançamos a justiça totalmente, pela prática da palavra de Deus. Existem também perseguições que os obreiros do Senhor sofrem pelo reino de Deus.

> *"Bem-aventurados serão vocês quando, por minha causa, os insultarem, os perseguirem e levantarem todo tipo de calúnia contra vocês. Alegrem-se e regozijem-se, porque grande é a sua recompensa nos céus, pois da mesma forma perseguiram os profetas que viveram antes de vocês"* (Mateus 5:11-12).

Muitos pais da fé sofreram voluntariamente para cumprir a

vontade de Deus. Em primeiro lugar, Jesus é Deus em origem. Ele é inocente e sem mancha, mas tomou sobre Si o castigo dos pecadores. A fim de cumprir a providência da salvação, Ele foi flagelado e crucificado em meio a todo tipo de zombaria e desprezo.

O Apóstolo Paulo

Consideremos o caso do apóstolo Paulo. Paulo estabeleceu o fundamento da missão mundial, pregando o evangelho aos gentios. Através de suas três jornadas missionárias, ele estabeleceu várias igrejas; e isso não foi nada fácil. Podemos ver a dificuldade que ele sentiu através de sua confissão:

"São eles servos de Cristo? — estou fora de mim para falar desta forma — eu ainda mais: trabalhei muito mais, fui encarcerado mais vezes, fui açoitado mais severamente e exposto à morte repetidas vezes. Cinco vezes recebi dos judeus trinta e nove açoites. Três vezes fui golpeado com varas, uma vez apedrejado, três vezes sofri naufrágio, passei uma noite e um dia exposto à fúria do mar. Estive continuamente viajando de uma parte à outra, enfrentei perigos nos rios, perigos de assaltantes, perigos dos meus compatriotas, perigos dos gentios; perigos na cidade, perigos no deserto, perigos no mar e perigos dos falsos irmãos. Trabalhei

arduamente; muitas vezes fiquei sem dormir, passei
fome e sede e, muitas vezes, fiquei em jejum; suportei
frio e nudez" (2 Coríntios 11:23-27).

Houve pessoas que chegaram até a fazer votos de não comer
nada até matar Paulo. Podemos imaginar como Paulo sofreu
(Atos 23:12). Contudo, não importa a situação ou perseguição,
o apóstolo Paulo era sempre alegre e grato, pois tinha esperança
pelo céu.

Ele foi fiel a ponto de morrer pelo reino de Deus e sua justiça,
sem poupar a sua própria vida (2 Timóteo 4:7-8).

Não é que os homens de Deus estejam sofrendo porque não
têm poder. Quando Jesus estava na cruz, bastava Ele querer e Ele
poderia ter tido 12 legiões de anjos ao Seu favor e destruído todos
os maus de uma só vez (Mateus 26:53).

Tanto Moisés como Paulo tiveram poder tão grande que as
pessoas os consideraram como deuses (Êxodo 7:1; Atos 14:8-
11). Quando as pessoas levavam os lenços ou aventais tocados
por Paulo aos doentes, doenças eram curadas e demônios eram
expulsos (Atos 19:12).

Como eles sabiam que a providência de Deus seria cumprida,
ainda mais através de seus sofrimentos, eles não tentaram evitá-
los, mas os aceitaram com alegria.

Eles pregaram a vontade de Deus com paixão ardente e
fizeram aquilo que Deus lhes ordenou.

Grande Recompensa Quando Regozijamos e nos Alegramos

A razão pela qual podemos nos regozijar e ficarmos felizes, quando somos perseguidos por causa do nome do Senhor, é porque grande será a nossa recompensa no reino celestial (Mateus 5:11-12).

Entre os ministros da leis dos tempos antigos, havia alguns que sacrificavam suas próprias vidas pelo rei. Os reis costumavam dar mais glória e honra a eles por sua lealdade. Se os ministros morressem, as recompensas seriam dadas aos seus filhos.

Como dito em João 15:13: *"Ninguém tem maior amor do que aquele que dá a sua vida pelos seus amigos"*, aqueles ministros provavam seu amor pelo rei, sacrificando suas vidas.

Se formos perseguidos e chegarmos a entregar nossas vidas pelo Senhor, como pode Deus, sendo mestre de todas as coisas, simplesmente nos deixar como estivermos? Ele nos inundará de bênçãos sem fim.

No céu Ele nos dará as melhores casas. Aqueles que são martirizados, pelo Senhor serão reconhecidos em razão de seu coração, que ama o Senhor. Eles irão pelo menos para o terceiro reino do céu e poderão até chegar à Nova Jerusalém.

Mesmo que não estejamos completamente santificados, se sentirmos que podemos sacrificar nossas próprias vidas e nos tornarmos mártires, significa que poderemos nos santificar totalmente, se tivermos mais tempo.

Paulo sofreu muito e deu a sua vida para o Senhor. Ele podia se comunicar com Deus claramente e experimentou muitas coisas espirituais do céu. Uma vez que ele já tinha visto o Paraíso, ele confessou: *"Considero que os nossos sofrimentos atuais não podem ser comparados com a glória que em nós será revelada"* (Romanos 8:18).

Ele também confessou em 2 Timóteo 4:7-8: *"Combati o bom combate, terminei a corrida, guardei a fé. Agora me está reservada a coroa da justiça, que o Senhor, justo Juiz, me dará naquele dia; e não somente a mim, mas também a todos os que amam a sua vinda."*

Deus não se esquece da fidelidade e esforço daqueles que são perseguidos e chegam até a ser mártires pelo Senhor. Ele retribui tal sacrifício com honra e recompensas transbordantes. Como o apóstolo Paulo confessou, incríveis recompensas e glória estão à nossa espera.

Mesmo que não percamos nossa vida física em si, todas as coisas que fazemos pelo Senhor com o coração de mártir e todas as perseguições que sofremos por Ele nos serão retribuídas, através de bênçãos e recompensas.

Além disso, aqueles que se regozijam e alegram, mesmo quando perseguidos por causa do Senhor, recebem as respostas de Deus em relação aos desejos de seus corações e têm suas necessidades supridas como prova de que Deus está com eles. Enquanto vencem nas tribulações, sua fé vai se fortalecendo e eles podem receber ainda mais poder e autoridade, comunicar-se com

Deus mais claramente e manifestar obras maiores do Seu poder.
Mas, na verdade, aqueles que sacrificam suas vidas por amor ao
Senhor não se importam, se não receber nada em troca nessa terra.
Eles podem se alegrar ainda mais, pois nada pode se comparar às
bênçãos e recompensas celestiais que receberão mais tarde.

Bênçãos Para Aqueles que Participam do Sofrimento do Senhor

Devemos nos lembrar de mais uma coisa. Quando um homem
de Deus sofre pelo Senhor, aqueles que estão com ele também são
abençoados.

Quando Davi estava sendo perseguido por causa do pecado
de seu filho Absalão, aqueles que eram honestos e verdadeiros
sabiam que Davi era um homem de Deus. Mesmo se suas vidas
fossem ameaçadas, eles continuariam com ele. No fim, Davi
recebeu mais uma vez a graça de Deus e, os que estavam com ele,
puderam recebê-la também.

Essa é a vontade do Deus justo – que quando um homem
de Deus sofre por causa do nome do Senhor, aqueles que estão
com ele e têm corações verdadeiros também participam de sua
glória depois. Jesus também falou aos Seus discípulos sobre as
recompensas celestiais que eles receberiam para dar-lhes mais
esperança.

"Vocês são os que têm permanecido ao meu lado

durante as minhas provações. E eu lhes designo um Reino, assim como meu Pai o designou a mim, para que vocês possam comer e beber à minha mesa no meu Reino e sentar-se em tronos, julgando as doze tribos de Israel" (Lucas 22:28-30).

Nossa igreja e eu precisamos passar por várias perseguições, enquanto tomando o reino de Deus. Uma vez que sabíamos, que era da vontade de Deus, pregávamos sobre profundas coisas espirituais, mesmo sabendo que sofreríamos perseguições por causa daquilo.

Ao passar por diversas dificuldades que o homem não podia resolver, deixávamos tudo nas mãos de Deus com jejum e oração. Então Deus nos deu grande poder como prova de que Ele estava conosco, fazendo com que muitos sinais e maravilhas fossem manifestados. Não apenas inúmeras doenças foram curadas, mas também enfermidades como paralisia infantil, cegueira, surdez. Além disso, partes do corpo, que antes eram fracas, ficavam sadias e normais novamente.

Pudemos levar centenas de milhares e até milhões de pessoas para o lado do Senhor, através de cruzadas em diversos países. Uma delas, inclusive, chamou a atenção de todo o mundo, já que foi reportada pela CNN.

Em 2005, a GCN (Rede Cristã Global) TV foi criada e começou com transmissões 24 horas por dia nas cidades de Nova Iorque e Nova Jersey. Em apenas um ano, desde sua fundação, Deus a abençoou de modo que hoje, qualquer pessoa no mundo pode assistir à sua programação através de satélite.

Especialmente, na cruzada de Nova Iorque em 2006, realizada no Madison Square Garden, a qual foi transmitida para mais de 200 países ao redor do globo, através de várias emissoras cristãs como a GCN, Cosmovision, GloryStar Network and Daystar TV. Por trás desse tipo de glória, estavam as orações e choros dos membros da igreja. A maioria deles segurou a igreja com orações e jejum, enquanto ela passava por uma situação difícil.

Aqueles que participaram do sofrimento do Senhor tiveram abundante esperança pelo reino dos céus. Sua fé espiritual sempre se fortalecia e ficava mais intrépida, e todo o sofrimento pelo qual passaram lhes foi retribuído em forma de bênçãos. Suas famílias, trabalho e negócios foram abençoados e eles glorificam a Deus com seus testemunhos.

Assim, aqueles que desejam e buscam as verdadeiras bênçãos são capazes de se regozijar e alegrar do fundo do coração, quando são perseguidos por causa do Senhor. A razão disso é porque eles anseiam pelas bênçãos eternas que receberão no reino celestial.

Aquele que Deseja Verdadeiras Bênçãos

Bênção, aos olhos de Deus, é bem diferente de bênção aos olhos das pessoas do mundo.

A maioria das pessoas pensa que ser rico é uma bênção. No entanto, Deus diz que os pobres em espírito são bem-aventurados.

As pessoas acham que ser feliz o tempo todo é uma bênção. Deus, todavia, diz que bem-aventurados são os que choram. Deus disse que aqueles que têm fome e sede de justiça e aqueles que são mansos são abençoados.

As Bem-aventuranças nos mostram as abençoadas e verdadeiras formas de entrarmos no reino dos céus, com um espírito que é pobre e reflete Deus nas perseguições.

Assim, se simplesmente obedecermos à palavra, conseguiremos nos despojar de todas as formas de maldade em nossos corações, com a verdade. Seremos capazes de recuperar totalmente a mansa e santa imagem de Deus e ser agradáveis a Ele. É dessa forma que nos tornamos pessoas completamente espirituais e de fé.

Esse tipo de pessoa é como a árvore plantada perto d'água. Árvores plantadas perto d'água recebem a água de que precisam em abundância. Mesmo em dias quentes ou em tempos de seca, suas folhas permanecem verdes e elas continuam produzindo muitos frutos (Jeremias 17:7-8).

Os crentes que vivem na palavra de Deus, de Quem flui todas as bênçãos, não terão nada a temer, quando passarem por dificuldades. Eles sempre terão experiências de ter as mãos de Deus, Seu amor e bênçãos sobre si.

Portanto, oro, em nome do Senhor, para que você possa ansiar pela glória que lhe será revelada e cultivar as Bem-aventuranças dentro de você. Oro, para que você possa desfrutar ao máximo das bênçãos que o Pai lhe dá, tanto nessa terra como no céu.

"Como é feliz aquele
que não segue o conselho dos ímpios,
não imita a conduta dos pecadores,
nem se assenta na roda dos zombadores!
Ao contrário, sua satisfação
está na lei do SENHOR,
e nessa lei medita dia e noite.

É como árvore plantada
à beira de águas correntes:
Dá fruto no tempo certo
e suas folhas não murcham.
Tudo o que ele faz prospera!"

(Salmo 1:1-3).

O Autor:
Dr. Jaerock Lee

Dr. Jaerock Lee nasceu em Muan, Província Jeolla Sul, República da Coréia do Sul, em 1943. Aos vinte anos, Dr. Lee sofria de várias doenças incuráveis. Por sete anos seguidos esperou a morte sem esperança de recuperação. Um dia, durante a primavera de 1974, foi levado por sua irmã a uma Igreja e, quando se ajoelhou para orar, o Deus vivo imediatamente o curou de todas as enfermidades.

No momento em que Dr. Lee conheceu o Deus vivo através daquela incrível experiência, ele amou a Deus com todo o seu coração e sinceridade e, em 1978, foi chamado para ser servo de Deus. Ele orava tão fervorosamente que podia entender claramente a vontade de Deus e cumpri-la totalmente. Ele obedeceu à Palavra de Deus. Em 1982, fundou a Igreja Manmin Joong-ang, em Seul, Coréia do Sul. Inúmeras obras, incluindo curas milagrosas e maravilhas, tomaram lugar naquela Igreja.

Em 1986, Dr. Lee foi consagrado pastor na Assembléia Anual da Igreja Sungkyul e, quatro anos depois, em 1990, seus sermões foram transmitidos para Austrália, Estados Unidos, Rússia, Filipinas e muitos outros locais ao longo da Companhia de Transmissão do Extremo Oriente, a Estação de Transmissão Asiática e o Sistema de Rádio Cristão de Washington.

Três anos depois, em 1993, a Igreja Central Manmin Joong-ang foi escolhida uma das "Cinqüenta maiores Igrejas do Mundo" pela revista *Christian World* e o Dr. Lee recebeu o Doutorado Honorário em Divindade pela Escola da Fé Cristã, na Flórida, Estados Unidos. Em 1996, tornou-se P.H.D em Ministério pelo Seminário Teológico de Kingsway, em Iowa, nos Estados Unidos.

Desde 1993 Dr. Lee tem liderado a evangelização mundial através de muitas cruzadas internacionais na Tanzânia, Argentina, Los Angeles, Baltimore City, Havaí, Nova Iorque, Uganda, Japão, Paquistão, Quênia, Filipinas, Honduras, Índia, Rússia, Alemanha, Peru, República Democrática do Congo, Israel, e Estônia.

Em 2002, foi chamado de "pastor internacional" pelos maiores jornais cristãos da Coréia, por seu trabalho nessas cruzadas. Em especial, sua 'Cruzada de Nova Iorque 2006' realizada na Madison Square Garden, arena mais famosa do mundo, foi transmitida a 220 nações; e em sua 'Cruzada Unida de Israel 2009' realizada no Centro Internacional de Convenções em Jerusalém, ele proclamou corajosamente que Jesus Cristo é o Messias e o Salvador. Seu sermão é transmitido a 176 nações via satélites incluindo a GCN TV, e ele foi listado como um dos 10 Líderes Cristãos Mais Influentes de 2009 e 2010 pela popular revista russa *In Victory* e pelo *Christian Telegraph* por seu poderoso ministério de transmissão televisiva e de pastoreamento internacional.

Conforme dados de agosto de 2013, a Igreja Central Manmin tem uma congregação de mais de 120.000 membros. São 10.000 congregações e 54 congregações domésticas espalhadas pelo país e pelo mundo. Até hoje, mais de 129 missionários já foram enviados a 23 países, incluindo os Estados Unidos, Rússia, Alemanha, Canadá, Japão, China, França, Índia, Quênia e muitos outros.

Até hoje, Dr. Lee já escreveu 88 livros, incluindo os Best Sellers *Experimentando a Vida Eterna antes da Morte; Minha Fé Minha Vida I & II; A Mensagem da Cruz; A Medida da Fé; Céu I & II; Inferno* e *O Poder de Deus.* Suas obras foram traduzidas para mais de 75 línguas.

Suas colunas cristãs estão nos jornais *The Hankook Ilbo, The JoongAng Daily, The Dong-A Ilbo, The Munhwa Ilbo, The Seoul Shinmun, The Kyunghyang Shinmun, The Korea Economic Daily, The Korea Herald, The Shisa News, e The Christian Press.*

O Dr. Lee é atualmente líder de várias organizações missionárias e associações: diretor na The United Holiness Church of Jesus Christ, o Jornal de Evangelização da Nação, Presidente na Missão Mundial de Manmin, Presidente Vitalício da Assosição Missão Mundial de Avivamento do Cristianismo; Presidente e Fundador da Rede Global Cristã (GCN), Fundador e Membro da Diretoria da Rede Mundial de Médicos Cristãos (WCDN); e Fundador e Membro da Diretoria do Seminário Internacional de Manmin (MIS).

Céu I & II

Um esboço detalhado dos ambientes maravilhosos que os cidadãos do céu desfrutam e a linda descrição dos diferentes níveis dos reinos dos céus.

A Mensagem da Cruz

Uma poderosa mensagem para despertar todas as pessoas que estão dormindo espiritualmente. Nesse livro podemos ver porque Jesus é o único Salvador e encontrar o verdadeiro amor de Deus.

Inferno

Uma mensagem profunda de Deus, que não deseja que nem uma alma sequer vá para as proofundezas do inferno, a toda a humanidade! Você descobrirá coisas nunca antes reveladas sobre a cruel realidade do Ades e do Inferno.

Minha Fé Minha Vida I & II

A autobiografia do Dr. Jaerock Lee exala o mais fragrante aroma espiritual para seus leitores através de sua vida extraída do amor de Deus florescido em meio a ondas fortes, um jugo pesado, e profundo desespero.

A Medida da Fé

Que tipo de lar celestial, coroa e recompensa estão preparados para você no céu? Esse livro fornece, com sabedoria, meios para você medir sua fé e cultivá-la de modo a torná-la melhor e mais madura.